Joseph Kwon is funny but wise, light-hearted but compassionate. He is also sensitive and kind. It makes me glad to know Joseph is in our world.

Georganne Seebeck

조셉은 재미있으면서도 현명하고, 명랑하면서도 사려 깊은 사람이지요. 또 섬세하고 친절해요. 이 세상에 조셉이 있다는 사실이 나를 정말 즐겁게 해요.
— 조지앤 시벡

Joseph Kwon is a
and partner when some
I admire Joseph's work
am very pleased the o

Congratulations Joseph!
Hope your book will be a great success in Korea, and give lots of enjoyment to all who read it!
Thank you Sincerely
Margaret Wallace Mackie

축하해요, 조셉!
책이 많은 한국의 독자들에게 읽힐 수 있길 바랄게요! 아마 읽는 사람 모두가 즐거움을 느낄 수 있을 거예요.
— 마가렛 맥키

조셉이 책을 쓴다니, 얼마나 좋은 일이에요! 그는 다양한 재능을 가지고 있는 사람이죠. 얼른 읽을 수 있기를 바랄게요. - 탤리 모건

How wonderful that Joseph has written a book! He is a man of diverse talents. I look forward to reading it. — Taley M.

are as a neighbor, friend
s done. My wife and
nity ties, and knowledge I
 clan is my neighbor.

조셉을 내 이웃으로, 친구로, 또 뭔가 함께해야 할 일이 있을 때 동료로서 함께할 수 있다는 건 기쁨입니다. 아내와 나는 늘 조셉의 일하는 태도와 가족과의 연대, 지식에 대해 칭찬하곤 하지요. 조셉의 가족 모두 내 이웃이라는 사실이 정말 기쁩니다. - 루디 윌리

필자의 글을 읽고 있노라면 주어진 삶을 그냥 자연스럽게 받아드려 사는 것 같지가 않다. 매 순간마다 호흡으로 느끼고 되새김질 하며 그때그때 의미를 만들며 즐기는 것 같다. 멋지게 보인다. 그런 그를 옆에서 보고 있노라면 배울점이 한두가지가 아니다. 첫째, 행복을 해탈하는 방법부터.... -김시형-

시애틀
우체부

나는 세상에서 가장 성공한 사람
시애틀 우체부

권종상 지음

Contents

Prologue 나는 시애틀의 우체부 • 11

따뜻한 성공

우체부가 즐거운 이유 • 21
컬드색의 세 무법자 • 31
영원한 현역 • 43
노르만디 파크의 반상회 파티 • 58
스타벅스 우습게 아는, 시애틀의 커피전문점들 • 70

나를 위한 나눔

자넬의 푸드 드라이브 • 75
결국은 사람이야, 사람 • 82
사람의 향기라는 강장제 • 90
나의 영어 선생님, 조지앤 • 98
시애틀의 추억 응집소, 파이크 플레이스 마켓 • 110

즐거운 밥벌이

세상의 모든 와인을 선물받은 날 • 117
행복을 배달합니다 • 123
우편물에 생명 부여하기 • 130
나탈리가 키워준 꿈의 씨앗 • 137
함께였기에 가능했던 레벤워스의 기적 • 148

작은 풍요

인생에서 내가 원하는 맛은? • 153
내 삶의 보물 • 163
정원일의 기쁨 • 168
세상 모든 것에 감사하기 • 174
와인으로 바뀐 세상 • 184

죽도록 살고 싶은 힘

길 끝에서 기다리는 행복 • 191
죽도록 살고 싶은 이유 • 199
아름다운 변화를 꽃피우는 힘 • 208
아버지라는 비료 • 216

Prologue

나는
시애틀의
우체부

'시애틀' 하면 언뜻 떠오르는 것이 뭐가 있을까요?
비의 도시, 추신수와 백차승이 활약했던 매리너스 구단, 마이크로소프트, 보잉, 톰 행크스와 맥 라이언이 함께 출연한 〈시애틀의 잠 못 이루는 밤〉 그리고…… 무엇보다 먼저 떠오르는 것이 커피입니다.
시애틀 커피라 하면 '스타벅스'라는 이름이 1순위로 떠오르시죠? 그리고 시애틀즈 베스트, 툴리스 등이 그 뒤를 잇겠네요.
시애틀의 커피 문화는 전 세계로 퍼지면서 시애틀을 '커피의 메카'로 만들었습니다. 1년 내내 관광객들로 북적이는 시애틀 다운타운의 명소 '파이크 플레이스 마켓'에 가보세요. 스타벅스 1호점에서만 나오는, 꼬리가 양 갈래로 갈라진 갈색 인어가 그려져 있는 머그컵과 커피를 사기 위해 사람들이 그 앞에서 줄 서서 기다리고 있습니다.
시애틀이 지난 몇 년 동안 '미국에서 가장 카페인 섭취가 많은 도시'로 꼽힌 것은 매우 당연한 일이었습니다. 그것은 대부분 커피에서

기인한 것이었죠. 이곳에서 커피는 특히 겨울에 '필수품'입니다. 늘 화창하고 밝은 여름과는 달리, 일찍 해가 지는 데다 흐리고 비 오는 날 많은 늦가을부터 봄까지, 이곳 사람들은 날씨에서 오는 우울함을 떨쳐버리려 커피를 많이 마십니다.

사람이 분위기의 동물이라는 것을 증명이라도 하듯, 이 우울한 날씨가 계속되는 시애틀의 겨울 기간 동안 자살률은 껑충 뜁니다. 유명인들도 꽤 목숨을 잃었답니다. 커트 코베인을 아세요? 그룹 너바나 Nirvana를 이끌다 자신을 결국 저 세상으로 이끌어 버린 사람. 그리고 유명한 기타리스트 지미 헨드릭스도 시애틀 사람이죠.

그렇다고, 시애틀이 그렇게 우울하기만 한 곳은 아니랍니다. 커피향을 가슴으로 느껴 보신 적이 있으시죠? 특히 '비 오는 날 맡는 커피향은 빗방울이 줄 수 있는 가장 큰 낭만의 하나'라는 말도 있습니다.

시애틀은 비의 도시이기도 합니다.

단순히 '비'를 지칭하는 단어가 'rain'만이 아님을 알게 된 것도, 제가 시애틀에 사는 까닭이겠죠. 시애틀의 별명인 '에메랄드 미스트'라는 예쁜 이름도 보슬비 때문이고, 매년 1월 1일 '레인 페스티벌'이 열리는 것도 비 때문입니다.

시애틀의 감성은 비로 이끌립니다. 이런 기후 때문에, 시애틀에서의 커피 문화는 당연히 발달할 수밖에 없었을 겁니다. 사람을 우울하게 만들어 버리는 비. 그 빗속에서도 활기를 찾으려면, 다량의 카페인이 필요했겠죠. 이같은 필요성과 맛에 대한 집착 등이 어우러지며, 시애틀에서 커피는 단순한 필요를 넘어선 일상이자 문화의 코드가 되어

버립니다. 그 결과물이 바로 스타벅스입니다.

그러나 시애틀 커피가 꼭 스타벅스만 있는 것도 아니랍니다. 수많은 작은 커피집들이 만들어내는 낭만의 향기들이 가득 찬 도시…….
'커피향이 빠진 시애틀'은 생각할 수 없을 겁니다.

커피향 낮게 깔린 시애틀을 걷고 있는 저는, 우체부입니다.

우체부는 맑은 날이나 비오는 날이나, 변함없이 늘 같은 길을 걷습니다. 늘 만나는 사람들과 눈웃음이나 따뜻한 이야기를 건네며 길을 걷는 거죠.

온갖 꽃들이 피어나 거리를 장식하는 봄날엔, 꽃향기를 맡으며 꽃그늘 사이로 온갖 사연들과 우편물을 전해줍니다. 짝을 만나기 위해 열심히 나무 위에서 노래하는 붉은배지빠귀가 어서 빨리 그 노력의 결실을 이뤘으면 좋겠네요.

여름이면, 조금만 걸어도 얼굴이며 목을 타고 흐르는 땀이 금세 셔츠를 적십니다. 때때로 그 강렬한 폭염을 피해 이젠 나무그늘이 되어버린 꽃그늘들을 찾아 쉬기도 합니다. 저처럼 더위를 피해 그늘로 들어온 다람쥐들이 혹시 먹을 것 있냐는 표정으로 눈길을 주곤 하네요. 빵조각이라도 찾아 던지며 쉬고 있노라면, 어느새 바다에서 불어오는 조금은 짭조름하면서도 시원한 바람이 제 흐르는 땀을 식혀 주곤 합니다. 제가 걷는 거리에서 바다를 볼 수 있다는 것이 얼마나 감사한지 모르겠습니다.

그러다가 아침저녁으로 시원한 바람이 불어온다는 것을 느끼면, 어느새 가을입니다. 그러면 이 다양한 표정의 거리는 새로운 옷을 입습니다. 울긋불긋한 단풍 속에서 잘 익은 사과와 밤들이 거리에 떨어집니다. 새들과 다람쥐들이 연방 이 풍성한 먹거리들을 찾아다니며 자기들의 풍요로운 한 계절을 신나게 즐기는 모습을 쉽게 볼 수 있습니다.

지나가는 사람들과 눈이라도 마주치면, 그들은 금방 손을 흔들며 인사를 걸어옵니다. 이제 곧 찾아올 회색의 겨울을 앞두고, 사람들은 커피잔을 들고 공원에 앉아 책을 읽거나, 혹은 연인과 함께 꼭 손을 잡고 거리를 산책합니다. 열심히 조깅하는 사람들의 모습들을 쉽게 볼 수 있는 계절이기도 하죠. 싸라락거리며 밟히는 나뭇잎들을 치우는 손길들이 분주해질 무렵, 겨울은 갑자기 비의 모습으로, 아니면 잔디밭을 하얗게 덮어버린 서리의 모습으로 찾아오곤 합니다.

겨울, 이제 거의 매일 내리는 빗속에서 추수감사절과 성탄절을 맞는 우체부는 더욱 분주해지기만 합니다. 사람들이 느껴온 기다림의 실체가 서로서로 보내는 편지와 카드와 선물들의 모습으로 구체화될 때, 우체부는 추위 속에서도 땀을 흘려야 할 정도로 바빠집니다. 그래도, 그 '기다림'을 전해받는 사람들의 모습 속에서 행복을 느낍니다. 이럴 때, 거리에 잔잔히 깔리는 커피향은 제 일상이 주는 보석과도 같은 선물이네요.

다양한 표정의 사계절 속에서 만나는 사람들과 나누는 정은 우체부에게 가장 큰 선물이며 힘입니다. 그리고 내가 이 일을 최선을 다해서 할 수 있도록 만들어 주는 나의 가족들과 친구들, 그리고 이웃들은 내 힘의 원천입니다.

여러분께 제가 살고 있는 시애틀의 이야기를 들려드리려 합니다. 일상과 사람들의 아름다움이 있는 곳, 그리고 내가 이제 이방인이 아니라, 이 모든 일상의 한 부분이 되어 살아가는 곳. 이곳에서 제가 느끼는 커피 향기를 전해 드립니다.

저와 함께 시애틀의 브로드웨이 거리를 산책해 보지 않으시겠어요?

따뜻한 성공

우체부가
즐거운
이유

　말씀드린 것처럼, 저는 우체부입니다. 공식적인 직함은 미 연방 우정국(United States Postal Service: USPS) 소속 공무원인 '시티 캐리어'죠. 6년 전 우체국 임용시험에 합격하고, 1년 정도 지나고 나서 인터뷰 통지를 받은 후 약물검사, 신원조회 등의 과정을 거쳐 이른바 PTF 우체부로 임용되었습니다.
　PTF란 'Part Time Flexible'이라는 말의 약어로, 우체국이 원하는 어떤 시간에든 일해야 하는 일종의 '도제徒弟' 우체부입니다. 미국의 모든 정규 임용 우체부들은 짧게는 수개월에서 길게는 몇 년까지 걸려서 이 과정을 마친 후 정식 우체부Regular가 됩니다. 일단 레귤러로 승급이 되면, 자기 라우트(구역) 혹은 몇 개의 라우트를 하나로 묶은 '스트링String'이라는 것을 갖게 됩니다. 쉽게 말하자면, 자기 전담 지역을 가지게 되는 것이죠.
　우체부는 남들과는 다른 눈으로 세상을 봅니다. 내가 배달하는 우편물로 세상을 읽어 내는 게 가능하기 때문입니다. 어느 집에 들어가는 우편물들 종류를 보면, 대략 수취인이 어떤 직업을 가지고 있고, 몇 살쯤이고, 지금 처한 개인적 상황 같은 것을 알 수 있습니다. 그 사람을 직접 만나지 않아도 말이죠.

예를 들어, 의사들은《미국의학협회저널JAMA》과 같은 학회지를 자주 받고, 저 같은 와인 애호가들은《와인 스펙테이터Wine Spectator》같은 관련 잡지들을 받아보며, 패션에 관심 있는 전문직 여성들은 카탈로그들과《엘르Elle》나《보그Vogue》같은 패션 잡지들을 구독합니다.

느닷없이 커플이 살던 집에서 한 사람만 우편물을 받기 시작하면 그 집의 애정전선에 이상이 생겼다는 증거이고, 한 집에서 마이크랑 리처드가 함께 우편물을 받고 있다면 둘은 당연히 게이이며…… 이런 식입니다. 재미있는 건, 그런 추리들이 대략 큰 틀을 벗어나지 않고 맞아들어간다는 거죠.

제가 배달하는 라우트의 가구 수는 1천 가구이고, 그 중 3분의 1 정도가 싱글입니다. 또 커플이 사는 집도 있고, 간혹 가다가 여러 사람들이 같이 사는 곳도 있습니다. 그렇다면, 제가 배달하는 우편물을 받는 사람들의 수는 약 1천 5백에서 2천 명 사이일 터입니다.

원체 이곳이 학교들과 가깝고 유동인구가 많은 까닭에 정확한 수치를 낸다는 건 불가능하지만, 그래도 토박이들이 어떻게 사는지는 거의 눈에 보이다시피 합니다. 우편물을 메일박스에 넣는, 어찌 보면 단순한 행위를 통해 세상을 좀 더 세밀하게 읽을 수 있다는 건 재미있는 일입니다.

2008년, 크리스마스가 멀지 않았던 겨울의 일입니다. 그날도 여느 때처럼 우편물을 메일박스에 넣고 있는데, 아파트의 입주자 대표회의 회장인 조지앤 아주머니와 매니저인 제임스가 제 뒤에 와서 저를 부르더군요.
 "하이, 조셉."
 "하이, 조지앤, 제임스."
 "조셉, 12월 13일엔 우리 파티에 와야 해. 알았지?"
 "어, 어떡하죠? 저 그날 선약 있어요."
 "여기 입주자 대표회의에서 조셉을 꼭 부르기로 했는데…… 혹시 그날 다른 약속 있다는 거 조금 미루면 안 돼? 아니면, 그날 저녁에 잠깐 왔다 갈 수 있어?"
 "생각해 볼게요. 그런데, 아무래도 힘들 것 같아요."
 "아니면, 우리가 날짜를 바꿀까?"
 "우체부 한 명 때문에 여러 사람 같이 하는 파티 날짜를 바꿔요?"
 "아마 조셉 때문이라면 그럴지도 몰라."
 이 사람들의 표정이 심각합니다. 허참…… 저는 그냥 씩 웃어 주었죠.
 "그날 우리 우체국 연말 파티 있거든요. 아무튼 생각해 볼게요. 초대해 줘서 고마워요."
 그 몇 주 동안, 토요일은 완전히 스케줄이 꽉 찼습니다. 제가 우편물을 배달하고 있는 제 라우트의 아파트들에서 열리는 파티에 초대받은 일정들이 그랬던 겁니다. 제가 이 지역사회에서 그들의 일원으로

인정받았다는 뜻이겠죠.

문득 이 라우트를 처음 억지로 떠맡았던 때가 생각납니다. 배달 가구 수가 무려 1천이 넘어서, 일반적으로 600~700개 정도의 주소에 배달을 해야 하는 다른 구역들보다 넓고, 게다가 소포가 많이 나와 지원자가 없는 곳이었습니다. 그 때문에 전혀 관리가 안 돼 있어서, 첫 배달 나왔을 때는 거의 초주검이 되다시피 했었고 실수도 많이 했죠.

그러다 두어 달 정도가 지나면서 이 라우트에 정이 들기 시작했을 때, 원래 제가 속해 있던 우체국에서 다시 저를 전출시키는 바람에 이 라우트의 주민들과 헤어지게 되었습니다. 라우트의 주민들과 많이 친해졌고, 개중엔 정말 내 가족처럼 가까워진 사람들도 생겼는데 말입니다. 정이라는 건 무서운 것이더군요. 결국 자청해서 이 라우트로 다시 돌아왔습니다.

아무리 미국 사람들이 혼자 사는 데 익숙해졌다지만, 나이 들어선 정을 무척 그리워합니다. 그걸 밖으로 내놓지 않을 뿐, 그 외로움의 실상을 옆에서 지켜보고 있노라면 안됐다는 생각도 들고, 그래서 늘 그들을 찾아가는 우체부는 쉽게 그들과 친해셨던 것 같습니다.

저보다 나이가 한참 많으신, 연세 지긋하신 분들도 저를 '친구'라고 합니다. 우리나라의 수직적 인간관계에서는 어려운 일이지만, 영어엔 딱히 존댓말이란 게 존재하지 않는 데서도 알 수 있듯, 미국에서의 인간관계는 수평적이라 할 수 있을 것입니다. 어떤 면에선, 이 관계가 우리나라에서의 동년배끼리의 관계보다 더욱 진하기도 하더군요.

젊은이들의 공경을 받아 보지 못했던 미국 노인들은 젊은 우체부의 배려에 처음엔 고맙다고만 생각했던 것 같습니다. '한 번은 그럴 수 있으려니……' 하고 받아들이다가, 꾸준히 계속되는 서비스(?)에 놀라고, 서서히 마음을 열기 시작하더군요. 제 라우트엔 독거이신 노인분들도 꽤 되다 보니, 외로움을 달래 주는 우체부를 기다리게 되고, 그러다가 서로의 이야기를 하게 되고, 가슴을 열게 되면서 서로 기댈 수 있는 친구가 되는 것입니다.

대단한 이야기를 하거나 많은 시간을 할애하는 것도 아닙니다. 일하다가 잠깐 차 한 잔을 나누며 세상사나 취미에 관한 이야기를 나누는 것이 다지만, 제겐 이 잠깐의 티타임이 꿈결같은 휴식이 됩니다. 일석이조랄까요? 외로운 독거노인들의 이야기벗도 되고, 저도 잠시 일 때문에 힘든 몸을 쉴 수 있고…….

우체부로 일하는 것이 즐거운 까닭 중의 하나는, 매일매일 하는 일 속에서 친구들을 만든다는 것입니다. 우체부와 수취인의 인연으로 만난 벗들 역시 제가 어떤 삶을 살았는지와 한국에 대해서도 궁금해하고, 점점 제 개인적인 신상에 대해서 알게 됩니다. 그러다 보면 또 제 취미, 제가 좋아하는 것들에 대해 공감하고 함께 이야기와 정보를 나누게 되고…… 이런 것들은 제 삶에 있어서 아름다운 순간들이 되어 주고, 또 제 미래를 위한 밑거름이 되어 주기도 합니다.

이들이 존재한다는 것은 제겐 '삶의 에너지'가 존재한다는 것과 같습니다. 제 '손님'에서 제 '친구'가 되어 준 이들…… 이들이 주는 사랑은, 저를 '성공한 이민자'로 만들어 주더군요.

저는, 감히 제가 미국 생활에서 성공했다고 이야기하고 싶습니다.

수많은 사람들이 미국엘 왔고, 이들은 '성공'이라는 가치를 좇아왔습니다. 미국에 온 사람들에게 물어보면 십중팔구 자신의 꿈이 '성공'이라고 말하더군요. 그리고 그 성공은 대부분 물질적인 것으로 풀이됩니다. 그들에게 성공은 '많은 것을 가지는 것'이지요.

부의 축적, 그것은 매우 구체적인 성공이지만, 저는 그것만을 좇아 쉼 없이 뛰는 사람들이 오히려 좀 불쌍하게까지 여겨집니다. 그들은 미국에서 '물질적 성공'은 거두었으되, 그들의 삶 자체는 척박하기 때문이죠. 물론, 이민 1세들의 희생을 통해 1.5세로 불리는 이민 1세의 이민 동반 자녀들이나, 현지에서 태어난 2세 자녀들의 성공은 보장될 수 있을 것입니다. 그 때문에 오늘도 많은 이민자들이 열심히 일하고 있는 것일지도 모릅니다. 그러나 그들 개개인의 삶의 질은 풍성하다고 말하기엔 각박합니다.

멀리서 예를 찾을 것도 없습니다. 부모님께서 편의점을 운영할 때, 저희 가족은 하루 12시간에서 14시간을 가게에 매달려야 했습니다. 물론, 우리도 그런 노동들을 통해 부를 축적했고, 살 만해진 건 사실이죠.

그러나 제가 생각하는 미국 생활에서의 성공은 '그 사회에 녹아드는 것'입니다. 내가 그 커뮤니티의 일부가 되는 것이죠. 처음엔 힘들지만, 그래도 내가 서 있는 위치에서 최선을 다한다면 의외로 쉬운 일이 될 수도 있습니다.

저희 식구들의 가게가 비교적 장사가 잘 됐던 건, 위치가 좋았던 까닭도 있지만 어머니의 지혜가 상당한 몫을 했다고 생각합니다. 어머

니는 생일을 맞은 친구들에게 무언가 공짜로 집어 주시고, 지역 경찰과 소방서에 기부를 하셨고, 때때로 동네 사람들의 결혼식이나 장례식에 당신이 가시거나 아니면 절 보내시곤 했습니다. 그리고 부조도 후하게 했죠.

이렇게 친해진 사람들은, 자기들 명절 때면 요리를 한 접시씩 해서 가게로 가져오곤 했습니다. 칠면조 요리를 해 오거나 쿠키를 잔뜩 구워 오는 사람들…… 나중에 우리는 미국 명절에 아예 우리 음식을 해서 나눠 주곤 했습니다. 삽채며 불고기를 잔뜩 해서는 우리와 친해진 손님들에게 주었고, 그들은 한국 음식이 이렇게 맛있는 줄 몰랐다며 '한국 홍보 대사'가 되기도 했습니다.

자신이 속한 커뮤니티에 적극적으로 녹아들어가 그 사람들과 삶을 교류하는 것…… 그래서 거기서 따뜻한 인간관계를 쌓아 가는 것. 그것이야말로 진정한 이민 생활 성공의 열쇠이며, 또한 목표가 되어야 할 일이라고 생각합니다. 문화와 살아온 배경이 다르고, 수많은 이질감들이 우리와 타민족들이 가까워지는 것을 막고 있는 상황에서 사실 우리는 먼저 마음을 여는 법을 배운 적이 없습니다. 항상 꽁꽁 닫고 내 가족만 챙기는 것이 우리네 모습입니다. 이 때문에 미국에서 한국인들이 배타적으로까지 보이지요. 코리아타운이 규모는 커도 그곳을 찾아오는 손님으로는 동양인, 그리고 거기서 일하는 히스패닉들 빼고는 사실 그다지 많지 않다는 사실은 차이나타운이나 재팬타운을 찾는 타민족들이 많다는 사실과 대비되는 일이고, 그만큼 우리가 폐쇄적이라는 것을 말해주기도 합니다.

우리가 먼저 열고, 그들과 교류하고…… 그리고 진정으로 그 커뮤니티에 녹아들어간다면, 이민 생활은 반드시 성공할 것입니다.

내 친구가 된 그들의 미소는 저를 행복하게 합니다. 그들도 제가 있어 행복하다고 말해줄 때, 저는 이곳에 이민 오길 잘했다고 느낍니다. 제가 열심히 일하고 그들의 친구가 되려 한다는 사실을 알아주는 그들은, 진정으로 제 이민 생활에 있어 행복의 열쇠입니다.

컬드색의
세 무법자

아침은 일찍 찾아오고, 밤은 아주 늦게 찾아옵니다. 북위 47도, 중강진보다, 아니 만주만큼이나 북쪽에 있는 시애틀. 여름은 낮시간이 하염없이 기네요. 반대로 겨울엔 해가 오후 4시면 떨어져 지독할 정도의 우울함이 찾아올 만큼 어두운 시간이 더 많죠. 여기에 비가 그 감정의 장난에 한몫씩 더하기도 합니다.

6월. 1년 중 가장 아름답고 밝은 때입니다. 온갖 꽃들이 화단에서 화려하게 제 모습을 뽐내고 있고, 아직 짙푸름은 아닌 '신록'이 세상을 지배하고, 따가운 햇살과 청명한 하늘은 길을 걷는 즐거움을 더해주죠.

그러나 우체부에게 이런 날은 조금 더운 날이지 싶습니다. 많이 걷기 때문이죠. 하긴 해가 쨍쨍 내리쬐든, 폭우가 쏟아지든, 심지어 눈이 내리고 길이 꽁꽁 얼어붙는다 해도 저는 매일매일 편지를 들고 힘차게 나서야 합니다. 저를 기다리는 사람들이 있으니까요.

이렇게 날 좋을 때, 브로드웨이엔 '게이 퍼레이드'가 열립니다. 자

기들만의 프라이드를 지키겠다고 동성애자들이 연례적으로 여는, 브로드웨이에 '아이덴티티'를 부여하는 행사입니다. 게이들의 해방구, 이들에게 관대한 도시 시애틀, 보수보다는 진보의 입김이 더 강한 도시. 이런 시애틀이다 보니 가끔은 재미난 일들도 있습니다.

어느 날, 한참 바빠 시간에 쫓겨 우편 배달중이었습니다. 예쁘장한(?) 청년이 제게 다가와 말을 걸더군요. 흘깃 보니 이곳에서 쉽게 접할 수 있는 타입의 청년입니다. 한쪽 귀에는 귀고리를 네 개나 달고, 코걸이도 하고, 보라색 블라우스에 하얀 바지를 입었습니다.

'바빠 죽겠는데……'

그냥 건성으로 몇 가지 질문에 대답하며 아파트 우편함에 정신없이 편지를 꽂고 있는 제게, 그 청년이 결정적인 한마디를 던지더군요.

"남자친구 있어요?"

순간, 정신이 멍합니다. 그러나 침착을 되찾고 말했죠.

"나…… 결혼했고, 애도 둘이나 있는데."

잔뜩 실망한 듯한 청년의 표정이 가관이었지만, 아무튼 그를 웃으며 보냅니다. 휴우, 한숨이 다 실려나오네요.

'그래도 참 예쁜 청년이었어…….(허걱! 내가 무슨 생각을!)'

또 다른 이야기를 해드릴까요?

어느 더운 날이었습니다. 일 끝나고 잠시 운동하고 샤워나 해야겠다 싶어 다운타운에 있는 헬스클럽에 들렀죠. 운동을 마치고 난 후 남자 탈의실에서 한참 샤워하고 나서 옷 갈아입고 있는데, 웬 여자(?)

가 우아한 자태로 탈의실에 들어옵니다. 그러더니 거리낌없이 옷을 훌훌 벗어젖히더군요. 심지어는 야한 속옷에 브라까지 벗어 버리고…… 남자들은 매우 놀라기도 하고, 힐끗힐끗 눈요기도 합니다. 아무튼 쉽게 목도할 수 없는 일에 대해 각자의 반응들이 다 다르다는 사실도 새삼 알게 되죠. 결국 어떤 나이 지긋하신 분이 그녀(?)에게 다가가 "여기는 남자 탈의실"이라고 말해 줍니다. 그 여자가 아무 말도 안 하고 가장 중요한 속옷을 벗습니다.

그런데……남자입니다. 다들 표정이 말이 아닙니다.

이렇듯 시애틀은 뉴욕, 샌프란시스코처럼 미국 내에서는 동성애자의 천국이라 할 수 있습니다. 다리에 쫙 붙는 쫄바지를 입은 남자들이 찰랑찰랑한 머리를 휘날리며 다른 남자의 손을 잡고, 때로는 그의 어깨에 자신의 머리를 기대기도 하면서 걸어가는 모습 같은 것은 이곳에선 아주 흔하게 볼 수 있는 광경입니다.

시애틀의 자유로운 분위기가 이들을 잘 수용하고 있는 것 같습니다. 매년 열리는 게이 퍼레이드 같은 행사나, 제 직장 근처의 '게이 바'들은 시애틀의 개방성을 상징하는 것이기도 하죠. 시애틀이 이렇게 개방적인 도시가 된 이유는, 일찍부터 보수적인 장로교보다는 상대적으로 진보적인 감리교계의 세력이 컸기 때문입니다. 또 중국 노동자들이 대거유입되면서 그에 따른 인종적 갈등이 컸다고 합니다. 결국, 어울려 사는 법을 일찍부터 배워야 했고, 자신과 다르게 생긴 사람들에 대한 포용력이 상대적으로 다른 지역에 비해 많이 성숙해진 것 같습니다.

시애틀의 이 따뜻한 포용력을, 나는 나의 이웃인 루디와 데이먼을 통해 이미 충분히 느꼈습니다. 이 두 사람은 제 모습을 우리나라에 알려 주었던 방송 프로그램인 KBS 〈지구촌 네트워크 한국인〉에서 저와 함께 음식을 나누는 장면으로 소개되기도 했죠.

자기 할 일 하다가도 언제든 부르면 달려와 내 일을 도와주는 루디. 그는 그레인저라는 보험회사의 부사장이며, 정원일을 좋아합니다. 이미 2008년에 65세 생일이 지나 은퇴할 나이가 됐음에도 불구하고 계속 직장에 출근합니다. 자신이 하는 일에 대해 늘 즐거움을 느끼는 그의 삶이 참 부럽다고 느껴질 때가 많습니다.

루디가 보여주는 이런 밝은 삶은, 아마도 남들을 배려하는 그의 천성이 바탕이 되었을 것 같습니다. 자신과 그 가족만 신경쓴다면 그 개인의 삶도 메마르기 마련이니까요.

루디는 저 말고도 늘 이웃들의 어려움을 지나치지 않습니다. 이웃 누군가가 도움이 필요하다면, 가장 먼저 뛰어가는 사람이죠. 루디 아저씨의 선친께서 원래 자동차 수리점을 해서 그런지, 루디는 어떤 기계든 잘 다룹니다.

어느 날, 저는 나무의 잔가지 치는 기계를 어떻게 쓰는지 몰라 쩔쩔매고 있었습니다. 그런 제 모습을 본 루디는 무조건 달려나와 제게 잔디 깎는 기계나 다른 정원일과 관련된 기계들의 사용법을 꼼꼼히 가르쳐 주더군요. 시범을 보여 주겠다며 기계를 들고 나선 루디는 우리 집 정원을 말끔하게 정리해 놓았습니다.

미국에서 집을 가지려면 배워야 할 것들이 참 많습니다. 배관, 목공, 정원일 등을 스스로 해야 하니까요. 큰 부자라면 필요할 때 전문 인력을 부르면 되겠지만, 그러려면 돈이 무척 듭니다. 사람의 손이 가는 것은 무조건 '레이버 차지labor charge'라는 이름으로 적지 않은 서비스 이용료가 부과되는 미국. 미국에서 지혜롭게, 또 돈 안 들이며 살기 위해서는 스스로 할 줄 아는 것의 리스트를 늘려가야 합니다. 그런 면에서 루디 같은 이웃을 가진 것 자체가 행운이라 할 수 있겠네요.

한번은 우리집의 수도관을 새로 고쳐야 할 일이 있었습니다. 마침 그날 저는 일하느라 집에 없었고, 저희 아버지께서 고치는 도중에 수도관이 터져 급히 메인 셔터를 닫아야 할 지경이 됐다고 하더군요. 우리는 솔직히 그런 게 어디에 붙었는지도 모르고 있었습니다. 그때 아내가 황급히 뛰어간 곳이 옆집이었고, 루디 아저씨가 우리집에 들어와 메인 배관 셔터를 닫아 주고 새 파이프까지 달아 주었던 적이 있습니다.

강풍으로 전기가 며칠 동안 끊어졌을 때, 루디는 발전기를 달아 놓고선 전력이 남는다며 그걸 우리집에 연결해 준 적도 있습니다. 이런 저런 일로 해서 루디는 제 '멘토'가 되었습니다.

또 다른 내 이웃인 50대 중반인 데이먼. 그는 20대나 다름없는 왕성한 에너지로 신나게 놀 줄 아는 사람입니다. 간판을 만드는 중소기업의 사장이기도 하죠.

한국음식을 거의 '광적으로' 좋아하는 데이먼이 우리가 한국인이라는 사실을 알고 나서 넌지시 "너희 집 김치 맛있니?"라고 물어보기에 조금 나눠준 게 우리 인연의 시작이었습니다. 그 다음부터 제가 와인을 좋아한다는 사실을 알고 제게 와인을 선물하기 시작하더군요.

언제나 먼저 도움의 손길을 건네준 이들에게 어느 날 제가 갈비를 구워 대접했습니다. 감사의 마음을 담아 기쁘게 나눈 그 갈비가 인연을 더 깊이 이어준 덕에, 지금도 우리는 항상 즐겁게 모이곤 합니다.

하루는 퇴근길에 아내가 전화를 했습니다. 아내의 목소리가 평소와는 다르더군요.
"데이먼이랑 루디 아저씨가 기다리고 있어요. 깜짝 놀랐어요. 웬 꽃까지 들고 찾아와서는…… 조셉을 빌려 달라는 거야……."
'풋, 이 아저씨들이 무슨 일을 벌이려고…….'
집에 가서 유니폼만 갈아입고 바로 데이먼네 집으로 향했습니다. 그의 뒷마당은 이미 기가 막힌 파티 준비가 되어 있었습니다. 보드카와 럼주가 나와 있고, 바로 블러드 메리 칵테일이 제게 건네집니다.
"늦게 왔으니까, 얼른 많이 마셔!"
이건 '후래삼배後來三杯' 일까요? 참, 미국답지 않은 광경입니다.
파티를 좋아하는 데이먼. 그의 파티 버릇을 늘 자제시키는 아내 벨 아주머니가 며칠 동안 집을 비운 사이에, 우리를 모아놓고 파티를 시작한 겁니다.
"지난번에 준 김치, 맛있었어."
데이먼이 말하자, 루디 아저씨도 한마디 거듭니다.
"그 쇼트립 갈비, 정말 맛있더군. 이번엔 우리 차례야."
그랬군요…… 얼마 전에도 뒷마당에서 갈비를 구워 이웃들과 나눴습니다. 집에서 가끔 고기 구울 때, 옆집이 마음에 걸립니다. 그런데,

그 마음이 불편하기보다는 참 정겹습니다.
"조셉, 여행 간다고 했지? 집 비울 텐데, 그때 내가 편지 오는 것도 챙기지. 잔디도 깎아 놓을 테니 걱정 마."
참 고마운 이웃들이죠? 데이먼이 본격적으로 그릴에 불을 댕기더니 립 아이 스테이크 네 장을 구우며 이야기를 합니다.
"하나는, 크리스틴(제 아내) 갖다 줘. 김치 잘 먹었다고 꼭 전해 주고."
저는 잘 익은 고기를 접시에 담아 우리 집으로 배달을 갔습니다.
"와! 고기가 커서 지호랑 나눠 먹어야겠어요! 정말 맛있겠네."
이렇게 먹고 마시는 와중에, 루디 아저씨의 부인인 데비 아주머니가 디저트로 쿠키를 구워들고 찾아옵니다.
"대단한 파티네요…… 집에 벨이 없다고 너무 무리하지 말아요."
한마디 날린 데비 아주머니가 우리 사진을 찍어준 후 다시 돌아갔고, 우리는 계속 음악을 들으며 데이먼네 뒷마당에서 즐거운 초여름의 오후를 즐깁니다.
적당히 취한 루디 아저씨가 이런 농담을 던집니다.
"우린, 컬드색의 세 무법자들이지."
'컬드색cul-de-sac'은 길이 막힌 곳을 뜻합니다. 어린이가 있는 집에서 이런 곳을 선호하는 이유는, 아이들이 뛰어놀 수 있는 공터가 바로 집 앞에 있기 때문입니다. 안전 문제도 있고, 또 이웃들 서로가 마주보게 되므로 서로 집을 지켜주기 편하다는 점도 좋습니다.
미국 사람들답지 않게 과음도 하고 큰 소리로 껄껄 웃기도 하면서, 이 조용하고 인심 좋은 동네에서 저희는 마치 이 세상에 우리만 있는

양, 그렇게 '무법자들'인 양, 탁 터놓고 지내는 친구로 지내고 있습니다.

"조셉, 우린 친구라고. 정말 좋은 친구지. 서로 어려운 일이 있든, 좋은 일이 있든 이렇게 나누자고, 오래 나누자고."

조금 혀가 꼬부라진 데이먼의 말에 진심이 담겨 있습니다. 마음이 열린 이웃들과 함께하는 것이야말로 진정한 행복 중 하나라 할 것입니다.

앞에서도 말했지만, 미국에서 좋은 이웃들을 만나는 것은 정말 큰 행운입니다. 이런 이웃을 만들려면 서로가 서로에게 다가갈 마음이 있어야 하고, 서로 마음을 여는 연습을 해야 합니다. 시애틀이란 도시가 가진 마법은 적어도 다른 도시들보다는 쉽게 다른 이들에게 다가설 수 있고, 또 내게 따뜻한 마음으로 다가서려는 사람들을 쉽게 찾을 수 있다는 것입니다.

서로 다른 얼굴색을 지니고 만난 6월의 밤이 시애틀 어느 컬드색에서 벌겋게 같은 색깔로 물들어 갑니다. 이웃끼리 같은 색으로 물들어 가는 행복, 그건 느껴 본 사람만이 알 수 있을 것 같습니다.

영원한
현역

2005년 7월의 어느 여름날 아침. 그 다음 주에 있을 휴가 때문에, 한껏 마음이 들떠 직장에 출근했습니다.

당시 새로 맡게 된 라우트에 잘 적응하고 있었습니다. 뜨거운 여름 햇살 아래에서 땀 흘리며 걷는 것이 가끔은 사람을 지치게도 했지만, 그래도 나무그늘 아래로 불어오는 바람을 음미할 정도의 여유는 지니게 되었으니까요. 그뿐 아니라, 이 동네의 아름다움도 서서히 즐기게 되었습니다.

한여름, 이제는 짙어진 녹음 아래 그림자로 걸으면 한껏 바닷바람이 불어와 땀을 식혀주는 토마스 스트릿의 언덕 아래로 시애틀의 상징인 '스페이스 니들'이 보입니다. 1962년 만국 박람회 때 건립된 이 높다란 건물이 유명세를 탄 건 한 편의 영화 때문이지요. 맥 라이언과 톰 행크스의 매혹적인 로맨스 〈시애틀의 잠 못 이루는 밤〉에서 스페이스 니들은 시애틀의 상징처럼 비추어지곤 했지요.

또한 시애틀 유니언 호수의 워터프론트도 낭만적인 공간의 역할을 톡톡히 했습니다. 일을 하면서도 그런 사연들을 가진 공간을 눈에 담으며 걸을 수 있다는 건, 분명 즐거운 일입니다. 게다가, 그 뒤로 퓨젯 사운드 바다와 그 바다를 가로지르는 화물선이나 페리가 보입니다. 브레머튼 페리를 탔을 관광객들의 들뜬 마음이 느껴지면, 우체부의 축 처진 행낭도 덩달아 부풀어 오르는 것 같았습니다.

여느 날처럼 케이싱 작업을 한참 하고 있는데, 우체국장인 알리사가 내가 일하고 있는 케이스로 찾아왔습니다. 나이 마흔 다섯의 일본계 2세인 알리사는 둥글둥글하고 귀여운 여성으로, 한없이 순해 보이기만 하는 인상과는 달리, 항상 원칙을 분명히 지키며 일하는 타입이었습니다. 자기 일에 최선을 다하는 그녀는, 열심히 일하는 나를 늘 격려해 주곤 했습니다.

"할 이야기가 있는데, 시간 괜찮을까?"

시계를 흘끗 쳐다봤습니다. 오전 8시 40분. 이제 케이싱 작업도 거의 다 끝냈고, 이 우편물들을 챙겨 차에 실은 후 거리로 나가는 일만 남았습니다.

"그래요."

"그럼 잠깐 사무실로 와요."

나는 케이싱 작업을 마치고 우편물을 트레이 몇 개에 배달 순서대로 담은 후, 그녀의 사무실을 찾았습니다.

"조셉, 수퍼바이저가 되어 보지 않겠어?"

책상에 앉아 있는 알리사의 옆에는 수퍼바이저(현장감독자)인 랍이

서 있었습니다. 그도 웃으며 알리사의 말을 거듭니다.

"우리는 자네의 근무기록을 검토했지. 지금껏 수많은 우체부들을 봐왔지만, 자네처럼 성실한 사람은 거의 없었어. 그리고 인사기록을 검토해 보니, 자네는 우체부보다는 관리직이 더 잘 맞을 거라는 생각이 들더군. 한번 해보지 않겠어?"

뜻밖에 찾아온 승진의 기회.

미국의 우체부들은 자기 라우트도 갖지 못한 채 PTF(Part Time Flexible)라는 직급으로 일을 시작합니다. 자기 라우트를 갖게 되기까지는 시간이 필요하고, 그 후에 만일 자신이 원하면, 이미 관리직에 있는 사람들로부터 추천을 받아 관리직 훈련을 받게 되는 게 정상적인 수순입니다. 그런데 가끔은, 자신의 라우트가 없는 초급 직원이 성실성을 인정받아 관리직으로 오를 수도 있긴 합니다. 그게 미국 우체국의 장점이기도 하고, 바로 지금 그런 기회가 저를 찾아온 것이지요.

"생각 좀 해볼게요."

그러나 내 마음은 이미 랍의 따뜻한 제안에 고개를 끄덕이고 있었던 것 같습니다. 거리로 나오자마자 아내에게 전화를 걸었습니다. 아내는 매우 기뻐하며 "마음 가는 대로 하세요"란 말을 남겼고, 그날은 어쩐지 일마저 가벼운 것 같았습니다.

그 다음 날, 나는 알리사에게 말했습니다.

"열심히 해볼게요."

그 다음 주 휴가가 거의 끝날 무렵, 랍은 내게 전화를 걸어 승진 상신 건이 통과가 됐다고 전해 줬습니다. 바로 월요일부터 관리업무를 배우게 된다는 것이었습니다. 그날부터 저는 '204-B'란 직급으로 승진됐습니다.

'204-B'는 일단 우체부직에 머물러 있으면서 관리업무를 배우는 임시직을 뜻합니다. 이 직급에 있는 사람은 수퍼바이저와 같은 호봉을 받습니다. PTF로 일할 때만 하더라도 당시 제 시간당 봉급은 17달러 95센트 정도였는데, 임시직으로라도 수퍼바이저급이 되자 당장 시간당 봉급이 24달러로 올라갔습니다. 대신, 수퍼바이저들은 하루에 여덟 시간 이상을 일하더라도 오버타임 수당이 따로 지급되지 않는다는 점이 일반 우체부와는 달랐습니다.

비단 봉급인상이 아니더라도, 관리업무를 배우는 것은 신나고 재미있는 일이었습니다. 뜨거운 거리를 땀 흘리며 걷다가 시원하게 냉방이 된 사무실에서 일하게 되니, 안 좋을 이유가 없었겠지요. 물론 가슴 한 구석, 불편한 마음이 없었던 건 아니었습니다. 갑작스런 승진에 대해, 일부는 곱지 않은 눈길을 보내는 것이 사실이었으니까요. 어제까지 같이 걷던 동료가 갑자기 다른 처지가 된 것처럼 보인다면, 은근히 속상할 수밖에 없는 게 인지상정인 것 같습니다.

"인정받은 거니까 열심히 해봐!"

그래도 대부분의 동료들은 격려를 아끼지 않았고, 그들의 따뜻한 말 한마디가 내겐 큰 힘이 되어 주었습니다.

관리직으로 일하다 보니, 문제는 마음에만 있는 것이 아니었습니다. 늘 거리를 걷는 것에 익숙해져 있던 몸이 운동 부족을 느끼고, 곳곳에서 피로 신호를 보냈습니다. 그 때문에 헬스클럽을 자주 찾게 되었습니다.

"하이, 조셉!"

어느 날, 일을 마치고 일찍 퇴근해 운동을 하고 있는데, 친구 스티브가 나를 보고 인사를 했습니다. 스티브는 나의 운동 친구입니다. 처음 그를 봤을 때, 그는 무뚝뚝하고 말이 없었으며, 가끔 그의 여자친구와 함께 운동을 하다 조용히 돌아가는 식이었습니다. 그런 그가 나와 인사를 나누게 된 것은, 운동에 익숙치 않던 제 실수 때문이었습니다. 벤치 프레스를 하고 있었던 내가 역기를 좁게 잡아 고생하는 것을 보고, 그가 다가왔습니다.

"역기를 조금만 더 넓게 잡아봐. 그게 들기에 좋아."

그의 친절한 개인코치는 그 이후에도 몇 번 더 이어졌습니다. 그로 인해, 간단한 인사를 나누는 사이가 될 수 있었지요.

그날, 마침 샤워를 같이 끝낸 우리는 몸을 닦고 옷을 입기 시작했습니다. 그런데, 그가 경찰 제복을 꺼내어 입는 것을 보게 됐습니다.

"어, 경찰이었어? 몰랐군."

나의 우체부 제복을 본 그도 한마디 했습니다.

"우체부였어? 몰랐군."

그제서야 우리는 서로의 직업을 알게 되었습니다. 둘 다 '푸른 커튼 뒤에서 일하는 사람들'이었던 것입니다. 미국에서는 공무원을 이렇게 표현하는데, 특히 경찰과 우체부를 지칭할 때가 많습니다. 뜻하지 않은 공통점 때문이었는지, 우리는 이전보다 친밀함을 느끼게 되었고,

그날 많은 대화를 나누게 되었습니다.

스티브 콕스. 그는 원래 경찰이 아니라 지방검사였습니다.

"왜 검사를 관둔 거야?"

그가 몸담았던 카운티 검찰청. 그곳이 평경찰보다 훨씬 안정되고 보장된 직장이라는 점은 이견의 여지가 없었기 때문에, 그가 가졌을 특별한 사연이 궁금해졌습니다.

스티브는 자기가 나고 자란 동네인 시애틀 인근의 화이트 센터 지역이 범죄에 찌들어가는 것이 안타까웠다고 했습니다. 그래서 범죄를 조금이라도 줄여보고자 하는 마음에 법과 대학에 진학해 검사가 됐습니다. 그러나 그가 기소를 하더라도, 범죄자들이 금방 풀려나와 다시 범죄를 저지르곤 하는 악순환을 막을 수는 없었습니다. 기껏 잡아넣은 범죄자가 다시 활개를 치며 돌아다니는 꼴을 보는 것에 정나미가 떨어진 그는, 경찰이 되기로 마음먹었습니다.

검찰에서 경찰로, 스스로 낮은 곳으로 내려간 그 친구는 자신이 맡은 순찰 구역 주민들의 어려움을 들어주고 그곳에서 범죄가 자라나지 못하도록 주민들과 미리 좋은 관계를 맺기 시작했습니다. 그들과 연계해 청소년 문제들을 풀어나가는 데 앞장서는 등, 지역의 치안 유지뿐 아니라 지역 사회의 변화에 앞장섰습니다.

"뭐, 가끔은 힘들 때도 있지. 하지만, 난 '세상을 바꾸는' 일을 하고 있어."

무뚝뚝한 스티브의 얼굴에 약간 멋쩍은 미소가 떠올랐습니다.

그와의 인연은 계속 이어졌고, 어느새 12월이 다가왔습니다.

12월, 나는 ASP(Assistant Supervisor Program) 등록을 앞두고 있었습니다. 만일 내가 그 프로그램 등록을 포기한다면, 계속 우체부로 머무른다는 걸 의미하는 것이었지요. 아마, 별일 없었다면 나는 ASP 등록을 하고 수퍼바이저가 되었을 것입니다. 그러나 삶은, 내 생각과는 다른 길을 준비하고 있던 것 같습니다.

쌀쌀해진 어느 날, 출근길 라디오는 안타까운 비보를 전하고 있었습니다. 경찰이 파티장의 총기 난사 사건을 수사하러 갔다가 용의자에게 총격을 받아 사망했다는 것이었습니다. 총기의 개인 소유와 사용이 가능한 이 나라에서 종종 일어나는 비극이어서 그랬는지, 안타깝다는 생각만 잠시 하고 일터로 향했습니다.

다음 날 아침, 여느 때처럼 《시애틀 타임즈》를 손에 쥔 나는, 가슴이 쿵 하고 내려앉고 머릿속이 하얗게 변하는 듯했습니다. 내 친구인 스티브의 사진이 신문 1면에 실려 있던 것입니다. 총에 맞아 숨진 경찰은 바로 그였습니다.

인생을 살다 보면, 어떤 현실감도 느낄 수 없는 순간이 가끔 찾아옵니다. 분명 내 친구 스티브의 얼굴과 이름을 보고 있는데, 전혀 모르는 사람을 접하고 있는 것 같았습니다. 며칠 전까지 사우나에서 같이 웃고 이야기 나누던 그가, 이런 기사의 주인공이 되었다는 것을 도저히 받아들일 수 없었습니다.

그가 지역사회에서 행했던 업적 때문이었는지 신문에는 그에 대한 특집 기사가 실렸고, 그가 근무했던 화이트 센터의 커뮤니티 센터에

서는 그를 위한 추모행사가 열렸습니다. 길거리에 흩어진 신문 위에서, 추모행사 현수막 위에서 만나게 되는 그의 얼굴을 말없이 바라보던 저는 헬스클럽으로 발길을 옮겼습니다.

그가 없는 헬스클럽은, 꼭 켜져 있어야 할 불이 하나 꺼진 것처럼 느껴졌습니다. 나는 스티브와 함께 아랫도리에 수건 한 장 달랑 걸치고 함께 앉아 이야기를 나눴던 사우나에서 하염없이 울었습니다. 그 공간에서, 저는 그제야 비로소 그가 없다는 걸 실감할 수 있었던 것입니다.

생전에 그가 하던 말이 생각났습니다.

"내가 사무실에 앉아 있는다고 해서 일이 해결되지는 않더라고. 길가로 나가니까 말이야, 그제야 조금이라도 나아지는 것 같더군."

스티브는 일선에 나서는 '프론트 라인'이 중요하다는 소신대로 살았고, 그가 원하는 삶을 위해 목숨까지 바쳤던 것입니다.

최전선에서 세상을 바꾸고자 했던 그의 말은, 그 후로도 오랫동안 뇌리에서 떠나지 않았습니다.

"조셉이 휴가 가거나 없으면 당장 티가 나. 우편물이 잘못 왔어."

나를 반기는 지역 주민의 얼굴 위로, 멋쩍게 웃던 그의 얼굴이 겹치듯 스쳐갔습니다.

'나는 왜 우체부를 선택했었지?'

그에 대한 생각을 곱씹던 나는, 제 미래의 방향을 잡을 수 있었습니다. 그가 검사직을 버리고 경찰이 되기를 원했던 것처럼, 나 역시 내가 서 있는 프론트 라인에서 최선을 다하는 것이 오히려 낫겠다는 생각이 들었던 것입니다. 내 친구처럼, 거리로 나가 '세상을 바꾸는 일'을 원하게 된 것입니다. 우체국에서 관리직을 두는 것은 각 우체국에 배당된 시간과 예산을 효율적으로 사용하도록 하는 데 그 목적이 있습니다. 물론 그 일도 중요하지만, 잘못 전해지는 배달물이 없는 라우트를 만드는 것, 그로 인해 사람들을 기쁘게 해주는 것이 내겐 더 중요하다는 생각이 들었습니다.

'내가 맡은 라우트만큼은 가장 깨끗하고 관리 잘 된 라우트로 만들어 놓겠어!'

"알리사, 전 그냥 우체부가 될 거예요."

나는 우체국장에게 담담하게 말했습니다.

"아니…… 왜?"

그녀는 뜻밖이라는 듯 내게 물었습니다.

"내가 수퍼바이저가 되면, 잘못 배달되는 우편물이 줄어들까요?"

그녀는 씁쓸한 표정을 지었습니다.

"글쎄……그건, 나도 자신 없는 일이야. 하지만, 조셉은 어디에 있든지 자기 맡은 일을 충실히 하는 사람이니까, 수퍼바이저도 잘할 수 있지 않을까 싶었는데……."

그런 일을 겪은 후, 나는 내 일에 더 최선을 다할 수 있게 되었습니다. 그리고 결국 레귤러가 됐고, 내가 고생했었던 그 라우트에서 '누구보다도 사랑받는 우체부'가 되었습니다. 그리고 매일매일 길을 나설 때마다 다시 한 번 다짐합니다.

'아무리 사소한 편지라도 잘못 배달되는 일이 없기를.'

저는 자신할 수 있습니다. 지금 제 라우트는 가장 관리가 잘 되고 있습니다.

노르만디 파크의
반상회
파티

　결혼 전 부모님과 함께 살던 집은, 시애틀 공항 서쪽 '노르만디 파크'라는 곳에 있습니다.
　시애틀에서도 꽤 알아주는 '오래된 양반 동네'. 이곳에 이사할 당시 이 지역에는 한인들이 거의 없었고, 서북미 지역에 10만이 넘는 한인들이 살고 있는 지금도 이 지역에 사는 한인들은 몇 가구 되지 않습니다.
　노르만디 파크는 원래 시애틀과 남쪽의 타코마라는 지역 사이의 새로운 전원 타운으로 조성됐다고 합니다. 정식 시로 승격된 건 1950년대였죠. 겉보기엔 수수하지만 튼튼하고 크게 지은 집들이 많고, 또 보잉사 직원들과 타드 조선소 직원들이 이곳에서 살기 시작했다고 합니다. 바닷가가 훤히 내다보이는 전망 좋은 곳으로, 꽤 오래 전부터 동네에서 가장 가까운 바닷가에 시애틀 지역에서 가장 먼저 생긴 요트 선착장이 있었다는 사실로 보아도 이 지역이 원래 부촌이었음을 짐작할 수 있습니다.

1993년, 우리 가족은 잡화점을 시작하면서 여유가 생겼습니다. 그리고 집을 사게 되면 이자를 냄으로써 소득세 혜택이 있다는 걸 알았죠. 결국, 그때까지 살던 월세 아파트 생활을 청산하고 집을 사기로 결정했습니다. 아파트가 좁기 때문이기도 했지만, 절세방안으로 집을 사는 건 현명한 일이었습니다.

노르만디 파크의 바다가 보이는, 꽤 오래된 인상의 집을 산 건 순전히 어머니의 고집 때문이었습니다. 다른 곳의 더 보기 좋은 집을 살 수 있었음에도 불구하고, 어머니는 그 집을 고집하시더군요. 전 너무 집이 '클래식(?)'하다는 이유로, 조금 더 모던해 보이는 다른 동네의 집을 사길 원했는데 말입니다.

결국 어머니의 고집은, 우리 가족이 그 집의 주인과 다과 자리를 함께하는 것으로 이어졌습니다.

하얗게 센 머리, 어딘가 고운 인상. 서쪽 바닷가를 향해 난 창을 등지고 오후의 햇빛을 받으며 앉아 있던 조그만 할머니는 자신을 '올슨'이라고 소개했습니다. 집이 지어질 당시부터 입주해 살아온 올슨 할머니는 따뜻한 차를 앞에 두고 당신의 과거 일들을 조곤조곤 이야기했습니다.

"우리가 이 집에 들어오던 날, 케네디 대통령이 암살당했다는 뉴스를 봤어요. 정말 크나큰 충격이었는데…… 우리는 슬퍼하면서도 이삿짐을 옮겨야 했지요."

차를 한 모금 마시고 가느다란 목소리로 이야기를 이어나가던 올슨 할머니.

"옆집의 척과 우리 그이는 서로 누가 더 정원을 예쁘게 가꾸나 경쟁을 하곤 했어요. 그이가 죽고 나서는 우리 아이들이 정원을 가꾸지만, 아무래도 옆집 척보다는 못한 것 같아요."

할머니는 얼굴에 미소를 띠었지만, 거기엔 남편에 대한 그리움이 묻어 있었습니다.

강한 영국식 악센트의 중개인은 계속 그 집을 사라고 권하더군요.

"아마 이 집을 사게 되면, 몇 대에까지 추억을 물려주게 될 거예요."

그 어느 따뜻했던 늦겨울날 늦은 오후. 동그란 테이블을 놓고 마주 앉아 함께 마셨던 홍차, 창으로 환하게 비치던 햇살, 그리고 그 너머로 보이던 퓨젯사운드 바다의 푸르름……. 결국 저도 이 분위기에 지고 말았고, 이 집으로 이사하자는 어머니의 의견에 동의하게 됐습니다.

그런데, 이 집으로 이사온 초기에, 마음의 불편함을 느껴야만 했습니다. 주위의 이웃들이 우리를 바라보는 시선이 따뜻하지 않았던 겁니다.

'어떻게 감히 이 동네에……'

대놓고 입으로 말한 건 아니지만, 그 차가운 눈은 분명 그렇게 이야기하고 있었습니다.

일단, 온통 백인 일색인 주위 주민들 중에서 우리에게 말을 거는 사람이 거의 없더군요. 하긴, 이 동네에 유색 인종들이 전혀 살지 않으니, 그 사람들도 우리가 불편했을 겁니다.

시애틀에서 호수를 하나 건너 동쪽에 있는 '벨뷰'라는 동네가 우리의 강남과 비슷한 느낌을 가진 곳이라면, 이곳은 성북동쯤의 분위기?

전통적으로 잘살아온 사람들의 자부심과 배타성. 그 동네에는 분명 그런 것이 녹아 있었습니다.

일면식도 없는 이웃들이 우리를 따돌린다고 해서 우리 가족이 특별히 기죽을 이유는 없었지만, 그것이 '불편함'임엔 분명했습니다. 이에 우리 가족은 이웃과의 불편한 관계를 편안하게 바꾸려 나름 애를 썼습니다.

혹시라도 집 정원 정리도 안 하는 집이라고 할까 봐, 가게 보기에도 바쁜 와중에 꼭꼭 시간 내서 잔디를 깎았습니다. 그리고 우리집에서 잔치라도 하는 날이면, 어머니께서는 불고기며 잡채를 해서 이웃들에게 나눠주러 돌아다녔습니다. 그저 '땡큐' 한마디만 하고 음식을 받는 사람들을 보면, 가운이 빠지고 괜시리 미워지는 마음까지 울컥 일더군요.

'굳이 이렇게까지 해가면서 이웃과 잘 지내야 할 이유가 있나?'

그런 생각도 여러 번 했던 것 같습니다.

그러다가 바로 옆집에 살던 척이 가장 먼저 마음을 열었습니다. 정원 일을 하는 어머니와 아버지께 조언을 해주기도 하고, 나무나 풀을 가꾸며 돌보는 것을 직접 해주기까지 하던 척. 그를 시작으로 동네 사람들은 우리와 조금씩 가까워지기 시작했습니다.

어느 날, 앞집 주인 소유의 셰퍼드가 자기 집에서 뛰어나와 우리 집의 요크셔 테리어를 물려는 사건이 벌어졌습니다. 우리 개를 지키려던 어머니가 그만, 뛰어오른 개에게 떠밀려 넘어지고 말았죠. 어머니는 허리를 다치셨고, 결국 경찰이 출동했습니다.

그런데, 출동한 경찰이 앞집 주인의 말만 열심히 듣는 겁니다. 아무래도 영어에 익숙지 않은 어머니의 말을 알아듣기가 힘든 점도 있었겠지만, 그건 분명한 차별이었습니다. 결국 이 일은 미국에서 처음으로 우리 가족이 '소송'을 거는 데까지 이어졌습니다.

이때, 우리 이웃들이 나서주더군요. 그들은 개 주인의 처사에 대해 공분하며 자발적으로 나서서 우리에게 유리한 증언을 해줬습니다. 결국 이웃들의 도움을 받아 우리는 이 소송에서 이길 수 있었습니다.

그 다음 해 여름, 우리는 이 동네 사람들끼리 여는 조촐한 파티에 초대됐습니다. 각자 집에서 한두 가지 먹을 것을 해와서 함께 즐기는 이 파티는 1년에 한 번 있는 동네의 큰 행사입니다. 이 지역에서 가장 오래 살고 있는 분들 중 한 분인 걸리 아주머니, 그리고 남편과 사별하고 지금은 혼자 살고 있는 팻 아주머니가 주최를 하고, 자신들과 가까운 이웃들에 한해서 초청장을 줍니다. 이들의 눈 밖에 난 사람들은 아예 초대되지 못한다고 나중에 파티에 초청되어 온 이들이 이야기하더군요. 그 말을 들으니 '이제야 이 지역 사회의 일원으로 받아들여졌구나' 하는 마음이 들었습니다.

개 문제로 우리에게 무례하게 굴었던 개 주인 그렉. 그는 그 사건 이후 파티에 초청되지 못했습니다. 그도 동네 사람들에게 어떻게든 환심을 사려고 했지만, 일단 우리에게 동정적이었던 동네의 여론은 결국 바뀌지 못했던 거죠.

우리 부부가 신혼여행을 다녀와서 처음으로 이웃들에게 인사한 자

리가 바로 이 파티였습니다. 여기서 아내를 소개하고, 동네 사람들과 서로 인사를 나누었지요. 이렇게 사귀게 된 이웃은 우리가 생각한 것 이상으로 큰 힘이 되어 줬습니다.

몇 해 전, 시애틀 지역에 큰 정전이 일어났습니다. 갑작스런 폭풍으로 인해 전봇대들이 넘어가고 강풍으로 부러진 나무들이 전깃줄을 끊음으로써, 순식간에 전기 없는 암흑의 시대로 돌아가 버린 겁니다. 정전 사태가 닷새까지 이어지자 시애틀 일대는 거의 폭동상태나 다름없는 상황이 되어 버렸습니다. 수퍼마켓은 물론, 동네의 조그만 가게들까지도 좀도둑들이 유리창을 깨고 들어와 물건을 훔쳐가는 일들이 빈번했습니다.

이에 우리 동네의 주민들은 우리를 도와주기 위해 스스로 순찰대를 만들어 가게 주위를 돌기 시작했습니다. 무슨 일이 있으면 바로 우리 식구들에게 귀띔을 해주어 큰 도움을 받은 적도 있습니다. 한번은 누군가가 유리를 깨고 침입해 물건을 훔쳐가는 사고가 벌어지자, 동네 사람들은 자기 일처럼 가슴 아파하면서 바로 합판으로 깨진 유리를 막아 주고, 그 주위를 청소해 주고, 나중엔 유리까지 달아 주더군요.

지난해에도 팻과 걸리는 동네 사람들에게 초청장을 띄우고, 저희도 그 자리에 가져갈 음식을 만들었습니다. 어머니는 잡채와 삼색전을 하셨더군요. 어머니 솜씨는 동네에서도 유명합니다. 엄청나게 많은 양의 잡채가 순식간에 만들어지고, 저는 그 옆에서 간을 본답시고 슬쩍슬쩍……

'킴치! 킴치!'를 연발하는 젊은 사람들. 이제 이 모임도 분명히 세대교체가 이뤄지고 있습니다. 어머니를 무척 좋아하던 노인들 두 분이 그 자리에 안 계십니다. 한 분은 타계했고, 한 분은 안타깝게도 몸을 움직이기 힘듭니다. 어머니만 보면 '스위티'를 연발하며 어깨를 감싸 주던 그분들이 안 계시다는 게 어쩐지 제 마음에도 무겁게 다가옵니다.

시간은, 그렇게 흐릅니다. 아무리 시간이 흘러도, 세대가 바뀌어도 '반상회 파티'는 변함없는 모습으로 계속되겠죠.

새로 이 모임의 식구가 된 사람들을 함께 반기며, 이 세상을 떠난 이들을 함께 그리워할 겁니다. 그리고 외로운 세상의 한 귀퉁이에서 이렇게 '같이 살고 있다'는 것을 함께 기뻐할 겁니다.

삶이란, 내가 어디에서 살고 있든 내 이웃들과 함께일 때 그 즐거움이 더한 듯합니다. 우리는 어디에 있든 혼자일 수는 없을 테니까요.

스타벅스 우습게 아는,
시애틀의 커피전문점들

아침에 일어나면 가장 먼저 하는 일이 물을 끓이고, 커피 콩을 갈아 프레스에 넣고, 뜨거운 물을 부어 커피를 우려내는 일입니다. 그럼에도 불구하고, 때로는 일 마치고 나서조차 커피 한 잔이 무척 마시고 싶다는 생각이 들 때가 있습니다. 그러면 저는 주저하지 않고 근처의 커피전문점들을 찾아 나섭니다.

때로는 진한 커피 한 잔으로, 혹은 따뜻하고 향 깊은 차 한 잔으로 하루의 피로가 씻겨내려가는 것을 느낍니다. 그리고, 내가 살고 있는 이곳이 미국 커피문화의 중심으로 불리는 시애틀임을 새삼 실감하게 되죠.

비록 불황으로 인해 눈에 띄게 줄어들긴 했어도 시애틀엔 스타벅스가 거의 한 블럭에 하나씩, 심하면 두세 개씩 자리잡고 있습니다. 과거에도 그랬고 지금도 스타벅스는 시애틀 커피문화의 가장 큰 축인 동시에, 말 그대로 지금까지의 익숙한 '아메리칸 커피'의 문화를 전혀 다른 것으로 만들어낸 큰 공신이기도 하죠. 그러나 요 근래의 스타벅스는 너무 상업화됐다는 느낌을 주면서, 시애틀의 진짜 멋쟁이들에겐 기피대상이 되어 버린 듯합니다.

경기가 좋을 땐 스타벅스 카드가 우체국에서 일 잘하는 이들에게 주어지는 일종의 '부상' 역할을 하고, 또 사람들에게 스타벅스 카드가 현찰과 동일시되어 일상의 필수품으로 여겨지는 시애틀에서 스타벅스는 정말 흔한 커피숍 중 하나로 인식되어 있습니다.

제가 일하는 브로드웨이에는 정말 커피와 차에 관한 한 '스타벅스는 저리 가라' 할 만한 커피전문점들이 몇 군데 있습니다. 스타벅스가 시애틀 커피의 대명사라는 점을 굳이 부인할 필요야 없겠죠. 그래도 캐피탈 힐과 브로드웨이라는 젊음의 거리에서는 작고, 예쁘고, 개성 강한 커피숍들이 더 인기 있는 듯합니다.

오후 4시에 일을 마친 날이면, 때때로 저는 이런 카페들을 찾아 차 한 잔 시켜 놓고 마음의 여유를 찾습니다. 사실 그 시간이면 도심을 빠져나가는 차량들이 극심한 정체를 이룰 때여서 그걸 피할 양으로, 혹은 오후의 나른함을 쫓아내기 위해 찾곤 하는 브로드웨이의 찻집들은 제게 새로운 활력을 가져다 주는 듯합니다.

자, 이제 저를 따라 시애틀 캐피탈 힐과 브로드웨이의 멋진 찻집들을 찾아 여행을 떠나 보시지 않겠습니까?

B & O Espresso Bar

벨몬트 애비뉴Belmont Avenue와 올리브 웨이Olive Way의 코너에 자리잡고 있다 해서 이런 이름이 붙은 B&O는 시애틀에서도 가장 유서 깊은 커피숍 중 하나입니다. 주인은 아랍 사람들인데, 그래서 그런지 이곳에서 마시는 드립 커피는 유난히 부드럽고 구수합니다. 시애틀 지역에 에스프레소 문화를 퍼뜨린 가장 유명한 곳들 중 하나여서 그런지, 기계도 참 오래된 걸 쓰고 있습니다.

지금은 커피전문점이라기보다는 오히려 식당으로도 유명한데, 그릴에 구운 광어나 햄 샌드위치는 이 지역 주민들에게 인기 있는 메뉴입니다.

특히 추천하고 싶은 건 이곳의 드립커피. 요즘 커피 트렌드가 항상 진하고 무거운 느낌이 드는 것을 추구하는데, 이곳은 음식과 함께 마시기에 적당한 구수한 커피를 지향하고 있습니다. 적절한 배전으로 인해 커피향과 맛이 잘 느껴집니다. 그리고 카푸치노는 특히 부드럽다는 평입니다. 하지만 커피숍이라기보다는 너무 식당 분위기가 나는 것이 조금 흠이라고나 할까요? 2008년 브로드웨이 대로로 이전하려 했는데, 불황으로 인해 그 자리에 아직 눌러앉아 있습니다. 사실 저는 그래서 이 집이 그 분위기를 해치지 않은 것에 대해 오히려 다행스럽게 여기고 있습니다.

Peet's Coffee on Broadway

샌프란시스코를 고향으로 하는 커피숍인데, 시애틀에서도 꽤 인기가 있습니다. 이 커피숍이 예전

의 반전 운동이나 캘리포니아의 히피 문화 같은 것을 떠올리게 해주는 까닭도 있다고 하면 과장일까요.
제 1호점이 캘리포니아 버클리에 있는 까닭에 '시애틀 커피'라고 불리는 데는 조금 문제가 있지만, 그래도 이곳은 자체 운영되고 또 매장 자체에서 볶는 커피가 일품이어서 손님들을 끌고 있습니다. 잘 배전된 커피도 커피지만, 이곳은 차에 관심 있는 사람이라면 특히 더 좋아할 듯합니다.

샌프란시스코는 미국에서 가장 큰 차이나타운이 자리잡고 있고, 이 때문에 중국의 차 문화가 도시 전체로 스며들 수 있는 토양이 되어 주었습니다. 때문에 이 커피숍도 다양한 차를 준비하고 있습니다. 가끔 일을 마치고 이곳에서 차를 마시는데, 우체국 바로 건너편이어서 일단 가까운 데다가, 인테리어가 심플하면서도 깨끗해서 마음에 들고, 무엇보다 이곳에서 일하는 아가씨들이 참 예쁘고 상냥해 좋습니다. 유머감각도 있고, 손님들과 대화를 나누는 것도 좋아해서 - 아마 대학가 커피숍이라는 분위기를 더 내기 위해서가 아닌가 하는 생각도 듭니다 - 오후에 잠깐 시간 보내기엔 더없이 괜찮은 곳입니다. 이곳에 앉아 지나가는 사람들도 보며, 커피향이나 다향을 느끼는 것은 브로드웨이 사람들의 특권이라 느껴질 정도로 말이지요.

이 집의 커피는 좀 지나치다 싶을 정도로 강합니다. 에스프레소 드링크도 전반적으로 강한 편이지만, 피곤할 때 혹은 아침의 나른함이 쉽게 지워지지 않을 때, 진짜 '강한' 커피가 필요할 때는 이곳을 찾게 됩니다.

특히 이 집의 하우스 블렌드는 완전히 각성제 수준이어서, 드립커피만으로도 심장이 벌렁거리는 경험을 할 수 있습니다. 카페인 내성이 강한 편인 저를 확 깨게 만드니, 어느 정도인지 아시겠죠?

Espresso Vivace Roasteria

1988년에 문을 연 커피전문점인데, 이른바 '라테 아트'를 지향하는 곳으로 커피 한 잔 한 잔이 모두 예술이라는 평을 듣습니다. 과거 '토레빠찌오네 이탈리아노'라는 커피숍이 시애틀 지역에서 이태리식 커피로 명성을 얻었는데, 그 집과 더불어 이태리 스타일 커피의 양대 산맥을 이뤘던 곳이기도 합니다. 그러나 스타벅스가 토레빠찌오네를 인수해 버림으로써 지금은 이태리 스타일 커피에 관한 한 유아독존적인 곳이 되었습니다.

이 커피숍의 모토는 'Una Bella tazza di caffè'인데, '한 잔의 커피에 예술을'이라는 뜻의 이태리어라고 합니다. 이 커피숍을 세운 데이빗 쇼머는 커피에 관한 책도 많이 썼고, 미국 에스프레소 업계에서는 전설로 통하는 인물이기도 합니다.

시애틀 브로드웨이의 멋쟁이라고 자부하는 사람들이 한 자리에 모이는 그런 곳인데, 얼마 전 경전철 공사로 인해 이전했습니다. 당시엔 꼭 오래된 대학 강의실 같은 분위기 속에서 커피 한 잔씩 앞에 두고 열띤 토론을 벌이는 풍경도 낯설지 않았는데, 최근에 옮긴 자리는 그때의 낭만은 없어진 대신 현대적이고 깔끔한 분위기로 손님들을 맞고 있습니다.
이 집의 라테는 정말 예술입니다. 맛도 그렇고, 모양도 그렇고…… 커피 한 잔에 이 정도의 정성을 들이는 만큼 가격이 만만치 않은데도 항상 커피 애호가들로 가득 차 있지요.

시애틀의 커피문화는 사실 날씨 때문에 발달한 것이긴 합니다. 늦가을부터 늦봄까지 내리는 비 때문에 찾아오는 우울함을 이겨내려면, 커피의 힘을 빌려야 하는 것은 어쩌면 당연한 것이었겠죠. 생활 속에 뿌리내려진 그 문화는, 결국 '필요에 의한 것'을 '멋으로' 만들어 내는 데까지 이르렀네요. 시애틀에 뿌리내리고 살고 있는 저는, 그 멋스러움에 녹아든 제 자신을 바라보는 것을 꽤 즐겁게 여기고 있습니다.

일 마치고 카페에 앉아 마시는 한 잔의 커피는, 문득 저에게 잊어버린 그리움 한토막을 가져다 주는 것 같습니다. 그렇게 녹아내리는 그리움 속에서, 저는 문득 우리나라를 추억해 보는 시간을 가지기도 합니다.

어느 겨울, 여자친구와 성균관대 입구 건너편 '상파울로'에 앉아서 계속 리필해 주는 잔커피를 마시던 그때를…… 그리고 그 추억은, 이제는 지나가 버린 20대의 방황 속으로 저를 데려다 주기도 합니다. 그때의 치열했던 문제의식들, 그리고 그때마다 부딪혀야 했던 한계들. 얼굴에 잔뜩 피던 여드름이 식었듯이 그런 방황들이 식어 버린 지금, 때로는 묘한 그리움과 현실의식이 뒤섞여 있는 제 모습을 안으로 들여다보면서, 이제는 시애틀라이트Seattleite('시애틀에 사는 사람'이라는 뜻의, 사전에도 안 나오는 이 지역 사람들의 용어)로서 살아가는 제 모습과, 그 옛날의 제 모습이 교차되는 묘한 경험을 하게 됩니다.

낭만은, 어쩌면 정말 사람을 살아가게 하는 힘일 수도 있을 터입니다. 그리고 그 낭만은 대부분 추억에서 오는 듯합니다. 그리고 저는 제게 이런 낭만적인 장소들이 주어진 것에 참 감사하게 됩니다.

기업화된 스타벅스보다는 또 이런 장소들에 그 낭만을 찾을 여유들이 더 많은 것은, 어쩌면 당연한 일인지도 모르겠습니다. 이곳에 모이는 사람들 또한 그 오염되지 않은 낭만을 찾아오는 사람들일 테니까요.

나를 위한 나눔

자넬의
푸드 드라이브

미국 우체부들이 1년 중 가장 크게 언론에 알려지는 때는, 매년 5월 노동조합 차원에서 벌이는 음식 마련 행사인 '푸드 드라이브Food Drive'입니다.

우체부들은 푸드 드라이브가 시작되기 일주일 전, 각 가정에 안내문을 돌립니다. 그리고 3일 전부터 바로 전날까지, 푸른 비닐 봉지를 각 가정에 우편물과 함께 넣어 둡니다. 그러면 주민들이 상하지 않는 음식, 즉 통조림 음식이나 라면·파스타 등의 건면류, 과자류 등을 그 봉지에 넣어 우체통 근처에 놓아 두죠. 우체부들은 우편물을 돌리며 주민들이 마련해 준 음식물들을 수거해 와, 우체국에서 대기하고 있던 푸드 뱅크 직원들에게 넘겨줍니다.

모든 것이 풍성하다는 미국에도 굶는 사람들이 있습니다. 설마 미국에 굶는 이들이 있을까 반문하는 사람도 있겠지만, 사실입니다. 2003년 10월 미국 농무부 발표 통계에 따르면, 미국 내 열 가구 중의 한 가구는 가난 때문에 끼니 이을 걱정을 합니다. 또 결식아동이 있는 가정도 당시 26만 5천여 가구에 달하는 것으로 나타났습니다.

우체부들이 매년 5월 둘째 주 토요일에 벌이는 음식 모으기 행사는, 이런 어려운 사람들에게 음식물을 지원하는 기관인 푸드 뱅크에 전달하기 위한 것입니다. 시애틀 지역에서만도 푸드 뱅크를 이용하는 사람들이 한 해에 70만, 그 중 어린이들은 25만 가까이 됩니다. 물론 이는 절대적인 수치가 아닌 '연 인원'이지만, 그래도 적지 않은 수가 어렵게 산다는 것을 증명하고 있는 셈이죠.

미국 경제 한파의 여파로 이들에 대한 지원과 기부량이 줄었기 때문에, 2008년 같은 경우는 우체부들의 역할이 더욱 중요했습니다. 그래서 저도 더욱 정성스럽게 매 우편함마다 안내서와 푸른 비닐 봉투를 넣어 두었습니다. 내가 지금 모으는 약간의 음식이 어떤 배고픈 이의 한 끼니가 될 수도 있고, 나아가 그의 미래를 바꿀 수도 있는 일이기 때문이라는 생각이 들었기 때문입니다.

이 일이 참 뜻깊은 일이긴 한데, 매우 힘이 드는 게 사실입니다. 우편물을 나르고 나서 주민들이 담아준 음식물까지 모아 와야 하기 때문이죠. 그래서 집으로 돌아가는 길이면 다리가 휘청거리는 걸 느낍니다. 은유적 표현이 아니라 정말 휘~청합니다. 연체동물처럼……. 음식들이 우편트럭에 가득 차 발을 들여놓기조차 어렵고 소포나 다른 우편물들을 꺼내고 배달하는 데 두 배의 힘이 들지만, 푸드 뱅크 직원들이 제 트럭 뒷문을 열고 환호성을 지르면, 이런 수고스런 기억은 어느 정도 사라집니다.

제가 돌리는 우편물을 받는 주민 중 '자넬'이라는 맹인 할머니가 계십니다. 그 할머니가 사는 아파트엔 열두 세대가 사는데, 그 열두 세대 중 이번 푸드 드라이브를 위해 음식을 기부한 건 그 할머니뿐이었습니다. 자넬 할머니는 많은 음식을 담은 종이 봉투 옆에 타이프라이터로 찍은 '이 봉투는 푸드 드라이브를 위한 것'이란 글을 남겨 놓았더군요.

음식을 기부하는 게 다른 이에겐 별것 아닐 수 있겠지만, 자넬에겐 쉬운 일이 아닙니다. 자넬은 넉넉한 사람도 아니고, 맹인인 그녀가 음식을 준비하기 위해서는 다른 이보다 좀더 많은 노력을 요하기 때문입니다.

저는 전에 그 할머니가 장을 보러 갔다가 오는 길에 길을 잃어버려 헤매고 있는 걸 본 적이 있습니다. 자넬이 헤매던 그 바로 뒤쪽에 자기 아파트가 있었는데, 나이가 들면서 시력을 대신해 주던 청력과 다른 감각들이 약해진 자넬은 결국 길을 잃은 것입니다. 마침 제가 그곳에 배달을 마치고 떠나던 길이었는데, 뭔가 이상함을 느껴 차를 세우고 "자넬!" 하고 이름을 불렀죠. 제 목소리를 알고 있는 할머니는 "조셉?" 하고 제 이름을 부르며, 구원자를 만난 듯 기뻐했습니다.

"내가 지금 우리 집을 찾고 있어…… 나이가 들어가면서 감각이 떨어지나 봐."

저는 당장 자넬 할머니의 손을 잡고선 그녀의 집으로 향했습니다. 정말 다행이었죠. 그때 마침 제가 거기 있었으니…… 그 후로도 몇 번인가 길을 잃고 헤매는 자넬 할머니를 만났고, 그때마다 집에 모셔

다 드리곤 했습니다.

이렇게 음식 재료 사는 것도 힘들어진 자넬인데, 그래도 함께 사는 세상의 다른 이들을 위해 자신의 음식을 기꺼이 내놓은 것입니다.

시력을 상실한 자넬이 '푸드 드라이브' 행사에 대해 어떻게 알았을까요? 제가 일부러 말해 준 건 아닌데 말입니다. 정부에서는 맹인 노인을 위해, 집안일도 도와주고 편지도 읽어 줄 수 있는 도우미를 정기적으로 보냅니다. 이분들이 할머니께 푸드 드라이브 행사에 대해 알려줬을 겁니다.

미국 사회가 각박하다고 하지만, 꼼꼼히 살펴보면 약자를 위한 사회 시스템이 꽤 잘 돌아가고 있습니다.

자넬 할머니의 경우, 정부 도서관에서 소포로 부쳐 주는 오디오 잡지들이나 점자 잡지들을 받아보고 있습니다. 이는 적지 않은 양의 우편물이 되는데, 그녀가 보내고 받는 모든 우편물은 무료로 처리됩니다.

또한 1급 신체 장애인들이 전동 휠체어를 운전하면서 어려움을 겪지 않도록 길턱이나 기타 계단 등의 상애물 또한 잘 제거되어 있는 편이죠. 그리고 신체장애자들을 위한 주차 공간에 이 공간을 이용할 수 없는 일반 차량들이 서면, 엄청난 벌금을 물게 됩니다.

이런저런 방법으로 장애인들의 권리는 충분히 보장되고, 이들에게 주어지는 사회적 혜택 또한 적지 않습니다.

사회적 배려를 받아 본 자넬이기에 타인을 위한 배려, 즉 나눔을 당연하게 생각할 수 있었을 것 같습니다. 그리고 도우미나 푸드 드라이브 등 사회의 도움을 받아 자신의 나눔을 실천할 수 있었겠죠. 그러고 보면 '나눔과 배려'는 단순히 한 개인이 타고나는 성향만의 문제가 아니라, 사회적 장치와 분위기의 문제일 수도 있을 것 같네요.

우리는 사회에서 혼자 사는 게 아닙니다. 지금은 혼자서도 잘 살 수 있을 것 같지만, 언젠가 누군가의 '작은' 배려를 간절히 기다려야 하는 날이 올지도 모릅니다. 인생에 어떤 일이 일어날지는 아무도 모르니까요. 그때 사회나 이웃이 아무런 손길을 내밀지 않는다면, 우리의 삶은 얼마나 피폐해질까요?

가난한 사람들을 돕고, 장애인을 배려하고, 다른 어려운 사회 구성원들이 있다면 그들을 위해 배려의 자세를 보이는 것. 이런 것이 '당연한 것'으로 인식될 때야 비로소, 불확실한 미래에 대해서도 든든한 뱃심을 갖고 살 수 있을 겁니다. 그리고 그래야만 '인간적인 생활'이 보장되는 게 아닐까 싶습니다.

그러고 보면, 남을 배려한다는 건 어쩌면 '미래의 나'를 배려한다는 말과 같을지도 모르겠습니다.

결국은
사람이야, 사람

2009년 1월 말, 세계적인 대기업들의 감원 수가 하루 동안에 7만이라는 뉴스가 나옵니다. 그 다음 날 다시 1만 명에 대한 감원이 있다는 뉴스가 들립니다. 그로부터 6개월 후, 부동산 거래 건수도 많아지고, 거시적 경제 지표가 조금씩 향상된다는 소식이 간간이 들려오긴 했지만, 실제적으로 경제 사다리의 맨 아래에서 비즈니스를 하는 이들의 입에서 나오는 소리는 한결같습니다.

"장사 안 돼서 죽겠다."

미국에서 사는 한인동포들도 그 어려움을 당연히 피부로 실감하고 있습니다. 가장 먼저 지금의 경제불황을 느끼기 시작한 사람들은 부동산이나 융자 업종에서 일하는 이들이었습니다. 그리고 이미 대대적인 인수합병 및 감원사태를 겪은 은행 직원들도 마찬가지의 어려움을 겪었습니다.

소수 대기업에 대한 의존도가 상당히 높은 시애틀 지역에서는 대표적인 서북미 토착기업들이 속속 감원을 발표하면서 적지 않은 사람들이 직장을 잃어야만 했습니다. 특히 항공기 제조업체인 보잉, 소프트웨어의 거인 마이크로소프트 등등 대기업들의 대대적인 감원 이후 직장을 잃게 된 한인들 역시 적지 않았습니다.

이같은 불황이 지속되면서, 경제구조의 하층에서 토대를 이루고 있는 한인동포들의 주력 업종들도 큰 타격을 입었습니다.

지역에 따라 약간의 차이는 있겠지만, 한인들은 식료품점·세탁소·소규모 식당 등의 업종에서 활약하고 있습니다. 보통 '그로서리'로 불리는 소규모 영세 식료품점들은 오래전부터 협회를 만들었고 미주류사회를 상대로 로비활동을 펼쳐 지원금을 받아 자체 행사를 치르기도 하는 등, 단일 업종으로서는 무시 못할 시장으로 성장하기도 했습니다. 이 때문에 한인 그로서리들이 단합해 불매운동을 펼치거나 할 경우 주류사회 도매업소들도 쩔쩔맵니다.

예전에 랩 가수 아이스 큐브가 한인 비하 발언을 한 적이 있었죠. 그러자 전국이 그로서리 협회는 그가 광고하는 맥주를 도매상으로부터 구매하지 않기로 결정해, 결국 아이스 큐브가 나오는 광고가 취소된 일도 있었습니다.

그로서리Grocery…… 식료품, 또는 작은 식품점을 뜻하는 이 영어단어를 한인들은 우스갯소리로 '고로서리苦勞栖利'라고 부르기도 합니다. 말 그대로 고된 노동의 대가로 이윤을 얻는다는 것이죠.

미국의 주류 관련법은 주마다 다른데, 제가 사는 워싱턴 주의 경우,

위스키나 브랜디 같은 도수 높은 증류주들은 주정부에서 전매합니다. 그러나 캘리포니아 주에서는 그로서리에서도 증류주를 판매하는데, 이런 곳을 '리커스토어Liquor Store'라 부릅니다. 이런 소규모 영세업체 운영자들은 가게 규모가 커서 종업원을 쓰지 않는 이상, 새벽별 보고 집에서 나가 자정이 되어야 집에 돌아올 정도로 노동강도가 심합니다.

우스갯소리 중에 "미국에 도착할 때 누가 마중을 나왔는가에 따라 미래가 결정된다"라는 말이 있습니다. 아무래도 미국에 먼저 와 오래 산 사람들은 자신의 경험을 바탕으로 신참 이민자에게 미국 생활을 설명해 줄 수밖에 없을 겁니다. 결국 신참 이민자들은 자신을 마중 나온 사람의 시각으로 미국을 바라보게 되고, 직업도 그 사람이 추천한 것을 갖게 된다는 말이겠지요.

1990년 미국에 왔을 때, 처음엔 공항에서 비행기 청소하는 일을 했습니다. 그러다 당시 그로서리를 갖고 계시던 삼촌의 소개로 Tom's라는 한 그로서리에서 일을 시작하게 되었죠. 시애틀 국제 공항이 위치한 시택이라는 소도시에 위치한 그 가게를 매입해, 우리 가족이 비즈니스를 시작한 건 1993년이었습니다. 그리고 2007년 가게를 팔 때까지 13년간, 우리 가족은 휴일도 없이 그 가게에 매달려야만 했습니다. 물론 저는 중간에 직장을 얻어 독립했지만, 그래도 쉬는 날이나 일요일엔 그 가게에 나가 일을 도와야 했습니다. 그래야만 부모님께서 하루라도 마음 편히 쉬실 수 있었으니까요.

우리 가족에게 경제적 안정을 이뤄준 그 은혜로운 가게는, 그 가게를 팔지 않는 이상 절대 우리에게 자유를 허락하지 않는 시지프스의 바위 같은 것이었습니다. 1년 365일 문을 열었으니까요. 절대로 그 노동의 쳇바퀴에서 벗어날 수 없을 것 같은 바위였죠.

뭐, 덕분에 상당히 풍족하게 살았다고 할 수도 있었겠네요. 그러나 그것은 물질적인 풍족함이었을 뿐, 시간이 갈수록 우리 식구들은 메말라 갈 수밖에 없었습니다. 다른 이들의 도움을 빌리지 않고 오로지 우리 가족만 매달려 하는 가게에서, 우리는 어떻게 하면 일을 덜 할까 하는 일종의 '잔머리'를 굴렸고, 일요일과 다른 이들이 쉬는 공휴일에도 일해야 하는 현실 속에서 한숨만 내쉬곤 했습니다.

이런 저런 우여곡절을 겪은 끝에, 가게를 운영하는 데 지친 우리 가족은 결국 가게를 팔기로 결정했습니다. 몇 달을 부동산 에이전트와 거의 싸우다시피 하면서 손해 보지 않고 가게를 넘길 수 있었죠. 부모님께서는 근 14년 만에, 그리고 저는 17년 만에 가게에서 '해방된' 것입니다.

그래도 아직 그 건물을 소유하고 있기에 한 달에 한 번씩은 가게에 들러야 하는데, 지금 우리 점포를 맡아 운영하시는 분이 매상이 줄었다고 해서 걱정이 됩니다. 주택가 한가운데 자리잡고 있고 주변에는 경쟁할 만한 곳도 없는 가게여서 큰 걱정 없다고 생각했는데, 이 경기의 악화에서 자유로울 수 없었던 모양입니다.

가장 먼저 닥쳐온 변화는, 소비성향이 큰 멕시칸 고객 숫자의 감소였습니다. 보통 일용노동자 계층이 주류를 이루는 이들 멕시칸들은 힘든 육체노동으로 돈을 벌고, 보통은 급료를 받자마자 맥주며 주전부리를 사서는 왁자지껄 파티하는 것을 좋아합니다. 우리 가게에서도 매우 큰 손님들이라 할 수 있었는데, 이들이 건설경기의 축소, 그리고 일용직의 대폭 감소로 인해 일거리가 줄어드는 바람에 소비를 확 줄인 것입니다. 번듯한 직장을 다니고 있는 백인들조차 그들의 앞날에 대해 불안감을 느끼면서 소비를 줄이고, 그러다 보니 소비 패턴 자체가 달라졌다고 합니다. 예를 들어 비싼 맥주를 사 마시던 사람이 싼 맥주를 사 마신다거나, 아예 맥주를 안 마시게 되었다던가 하는 식이지요.

드디어, 이 경제한파의 여파가 경제구조의 가장 밑바닥까지도 미치고 있는 것입니다. 물론 이것을 도식화시켜 단순한 구조로 생각할 수는 없겠지만, 그래도 대략 돌아가는 그림들이 보입니다. 시애틀의 상징이라고도 할 수 있는 스타벅스, 보잉, 마이크로소프트 등 기업들의 감원 여파가 차츰차츰 주변으로 확산되고, 그 바람에 경제 전반이 얼어붙게 된 것이랄까요.

그래도 우리는 열심히 일하고 살아남아야 합니다. 우리는 어떤 어려움 속에서도 살아왔고, 앞으로도 이 땅에 뿌리내리며 살아갈 것이기 때문입니다. 지금도 그로서리를 운영하는 선배의 말이 의미심장하게 들립니다.

"그래도, 우리가 사람들한테 장사하는 거잖아. 그러니까 사람들에게 잘 해야지. 물건 값도 좀 낮춰주고, 더 친절하게 대하고, 우리가 힘들면 남들도 다 힘든 거지. 그러니까 그걸 이해하면서 말야. 내가 나만 잘살겠다고 하면 다른 사람들도 그거 다 알아. 하지만, 또 내가 남들이랑 좀 나누면서 힘든 거 참고 여기 계속 붙어 장사하겠다 하면, 그런 것도 그 사람들이 알아 주거든. 결국은 사람이야, 사람."

누구나 다 어려운 시절이죠. 신참 이민자에게도, 또 이곳에 이민 온 지 오래된 사람들에게도 지금은 참 힘든 때입니다. 그래도 우리는 역시 '사람'을 믿고, '사람'에 의지하며 살아가야 하는 것 같습니다.

사람의 향기라는
강장제

매년 성탄절이 다가오면, 우리 우체국에서는 송년 파티를 합니다. 이때 각자 음식을 준비해 오는데, 저는 아내가 만들어 준 잡채를 들고 갔습니다. 잡채는 미국인 친구들 사이에서도 굉장히 인기 있는 음식입니다. 매년 아내도 이때쯤이면 당연히 '잡채를 만들어 보낼 때'임을 알고 있습니다.

파티를 하는 날은 보통 성탄절 바로 직전의 금요일인데, 우편물을 배달 순서대로 분류하는 케이싱 작업이 끝나고서 배달을 나가기 직전에 휴게실에 모여 준비해 온 음식을 나눕니다.

다른 시애틀의 우체국들처럼, 우리 우체국엔 필리핀계들이 많습니다. 필리핀 파워가 센 이유는, 이들이 자국에서도 영어를 공용어로 쓰는 까닭인 것 같습니다. 언어에 지장이 없으니, 공무원직 진출에도 큰 어려움이 없는 것이지요. 또, 시애틀처럼 미국의 해안가 도시엔 보통

동양계 이민자들이 많이 모이는 까닭도 있을 듯합니다. 이 점은 한인 이민자들이 배워야 할 점이기도 한데, 필리핀계들은 먼저 공직에 진출한 이들이 후배들을 이끌어주는 전통이 강해 부럽습니다.

흑인, 백인, 일본계, 중국계, 월남계, 캄보디아계 등 정말 다양한 인종들이 모여 함께 일하는 곳이 바로 우리 우체국입니다. 또 성적 소수자인 우체부도 두 명이 있는데, 브로드웨이는 이런 것에 대한 편견이 전혀 없는 곳이어서 이들도 자유롭게 자신의 정체성을 밝히곤 합니다.

브로드웨이 우체국엔 한국인 우체부가 저를 포함해 둘 있고, 창구직원 중에서도 한인이 있습니다. 저보다 10년은 더 일한 김시형 선배 역시 우체국이 안정된 직장이라는 주위의 소개를 듣고 시험을 치고 입사했는데, 저와는 달리 이 우체국에서만 꽤 오래 일한 베테랑이지요. 김 선배가 맡고 계신 라우트 역시 우리 우체국에서 가장 어려운 라우트 중의 하나여서, 다행히도 '한인들은 성실하고 끈기 있는 사람들'이라는 좋은 인상을 심어주는 데 일조하고 있습니다.

저도 제 라우트가 생기기 전에 김 선배의 라우트에서 일해본 적이 있는데, 정말 힘들고 오래 걷는 곳입니다. 그래도 "싸이(김시형 선배의 애칭)는 어디 갔지? 지금 휴가중인가?"라고 물어보는 그 지역 주민들의 반응에서, 전 김 선배가 얼마나 사랑받는 우체부인지 알 수 있었고, 이 선배처럼 나도 인정받는 우체부가 되어야겠다 하는 생각을 해보기도 했습니다.

이렇게 함께 웃고 즐기는 제 동료들, 이들이 저를 악명 높은 브로드

웨이 라우트로 다시 불러들인 원흉(?)입니다.

사실 이곳에 다시 오게 되리라고는 생각하지 못했습니다. 처음엔 브로드웨이로 '강제 전출'을 당한 까닭입니다. 이른바 PTF라는 공식 직함을 갖고 있는 초보 우체부들은 중앙우체국에서 명령한 대로 어디든지 가야 합니다. 처음 일을 시작했던 웨스트우드 우체국에서 이곳으로 전출 명령을 내렸을 때, 저는 솔직히 앞이 캄캄해지는 느낌을 받았습니다. 당시 통근은 제게 가장 큰 문제였고, 브로드웨이 우체국으로 전출된다는 것은 통근 시간이 길어진다는 것을 뜻하는 것이었습니다. 또 다운타운인지라 주차난도 큰 문제였고, 이곳의 우편물 양에 대해서도 이미 들은 바가 있었습니다.

그러나 일단 받은 명령인지라 저로서는 항명조차 할 수 없는 일이었고, 솔직히 풀이 죽어 이곳으로 전출됐습니다. 처음엔 그 우편물의 양에 질리고, 아파트 밀집지구라는 특성상 이름을 외우기 힘들어 어려움을 겪었지만, 저는 금방 이곳에 적응했고 친구들을 만들기 시작했습니다. 그렇게 몇 달이 지나고 나서 웨스트우드 우체국에서는 저를 다시 소환했지만, 그때는 이미 브로드웨이 우체국에 정이 들어 버린 후였습니다.

어느 날, 사람 좋은 브로드웨이의 수퍼바이저가 저를 부르더니 말하는 것이었습니다.

"어…… 에…… 조셉."

그 사람이 말머리에 그 '어… 에…'를 붙일 때는 뭔가 난처한 걸 말할 때라는 걸 알고 있었기 때문에, 뭔가 이상한 소식이구나 생각은 했는데, 그는 제가 다시 웨스트우드로 돌아가야 한다고 통보했습니다. 그러면서 눈시울이 붉어졌습니다. 우체국장인 알리사는 대놓고 울더군요.

이제 때가 된 거죠. 사실, 저는 제가 소속돼 있던 우체국에서 빌려온 셈이었기 때문에, 이제 다시 갈 때가 된 것일 뿐입니다. 그럼에도 불구하고, 저는 화가 났습니다. 쫓아보내듯 저를 이곳으로 보낼 때는 언제고, 이제 다시 한참 이곳에서 매니저 일도 배우며 즐겁게 일하고 있는 사람을 갑자기 복귀시키는 건 무슨 까닭인가 하고 말이죠. 며칠을 답답한 마음으로 보냈습니다. 원래 고향이었던 그곳이 마치 남의 우체국 같았습니다.

브로드웨이 우체국은 조그만 우체국이고, 사람도 그만큼 적습니다. 그런 대신, 사람들이 정을 주고받습니다. 저는 그곳에 몇 달 있으면서, 그 정에 빠져 버린 것입니다. 일반적으로, 규모가 큰 우체국일수록 사람들은 자기 일에만 충실하고 더욱 개인주의적인 성향을 보입니다. 사실은 그게 미국사람들 대부분의 경향이기도 하지요. 그러나 규모는 작지만 일거리가 너무 많은 브로드웨이 우체국은, 일은 고생스러워도 동료들이 그 어려움을 알기 때문에 서로 돕는 것을 당연하게 여깁니다. 저도 동료들에게 도움을 많이 받았지요. 그리고 지금은 제가 다른 동료들을 도울 수 있을 정도로 일이 손에 익었습니다.

웨스트우드 우체국으로 복귀하기 바로 전날, 브로드웨이의 우체국장과 수퍼바이저는 저를 위해 커다란 케이크를 마련해 환송 파티를 열었습니다. 모두의 생각은 하나였습니다. 제가 다시 돌아오기를 기

원한다고. 어딘가를 떠나면서 '저놈 가서 시원하다'보다야 '저녀석, 다시 돌아왔으면' 하는 사람이 되는 것은 기쁜 일입니다. 그들의 바람처럼, 반드시 돌아오리라 약속을 했습니다. 처음에 그 고생을 해놓고서도 브로드웨이가 훨씬 좋은 걸 보면, 저도 사람냄새에 무척 약한 모양입니다.

그날, 김시형 선배도 잊지 못할 저녁을 사 주셨는데, 함께 간 곳은 '바커스'라는 그리스 음식점이었습니다. 고풍스러운 유럽풍의 건물 1층에 작게 보일락 말락 간판이 달려 있는 이 음식점에서는 늘상 좋은 음악이 흘러나오곤 했습니다. 꼭 추억 속 동숭동 어딘가에 있는 카페를 찾은 기분이었달까요. 그날 이런 편안한 분위기 속에서 선배와 저는 추억들을 되새겼습니다.

그리스의 크레타 지방에서 생산한 새큼하고 집에서 담근 듯한 느낌을 주는 크레테 와인과, 그리스의 대표적인 음식인 무사카와 기로스, 그리고 피타 빵…… 만찬은 정말 즐거운 자리였습니다. 동시에, 내가 어떤 곳에서 일하고 있었는가를 새삼스럽게 생각할 수 있었습니다. 일은 힘들어도, 정으로 가득 찬 우체국. 그런 곳에서는 힘든 일이 문제가 되지 않습니다. 어딜 가든, 어떤 일을 하든, 정도의 차이는 있어도 힘든 건 마찬가지니까요. 그러나 '어떤 사람들'과 일을 하느냐는 직장에 따라 달라지고, 그 사람들이 내 일을 좀 더 즐겁게도, 좀 더 힘들게도 만듭니다.

결국 제 라우트를 선택해 지원할 수 있는 레귤러 우체부가 됐을 때 저는 브로드웨이 우체국에 지원했고, 지금 제가 맡고 있는 라우트로 돌아오게 된 것입니다. 이런 일련의 사연들 뒤엔 저를 이렇게 자리잡게 해준 정다운 브로드웨이의 동료 우체부들과 제 손님들이 버티고 있는 거겠죠.

브로드웨이 우체국, 그리고 그 거리는 힘든 노동을 이길 만한 사람의 향기로 만들어진 강장제가 가득 찬 곳이었던 겁니다. 하루의 1/3 이상을 보내는 공간, 어찌 보면 가족과 함께하는 것보다 더 많은 시간을 보내는 이곳에서, 사람의 향기는 그 어려움을 모두 잊게 해주었고, 좋은 추억을 가슴에 가득 채우게 해주었습니다.

김시형 선배와 나눈 저녁, 그리고 그날의 커다란 환송 케이크를 떠올리며 전 다시 브로드웨이 우체국으로 돌아올 수 있었고, 여전히 큰 웃음으로 이 사람냄새 나는 거리를 휘젓고 다닙니다.

나의
영어 선생님,
조지앤

　미국에서 산다는 이유로 가장 사람들의 오해를 받는 부분, 혹은 부러움을 사는 부분이 있다면 아마 영어에 관한 부분일 겁니다. 가끔씩 연락하며 사는 우리나라의 친구들로부터 가장 많이 듣는 말도 "미국에 있으니 영어 잘하겠네"입니다.
　물론 여기서 산 지 오래된 만큼, 먹고살 만큼의 영어는 구사합니다. 그러나 미국에 온 지 20년이 다 되어가는 지금까지도, 제 영어가 완벽에 가까워지는 건 불가능해 보입니다.
　한참 영어를 배울 때, 제일 열 받는 순간은 미국 친구들이 스탠딩 코미디를 보며 웃을 때죠. '저 대목에서 왜 웃지?' 하는 생각이 들면 정말 황당하다 못해 처절합니다. 물론 생활영어에 많이 익숙해진 지금 어느 정도는 알아듣게 됐지만, 아직도 그런 면에서 제 영어는 늘 '진행형'이라 할 수 있습니다.
　특히 미국 와서 처음 몇 년 간 겪었던 황당한 일들을 되새겨 보면,

정말 남의 나라에서 남의 말 하고 산다는 게 참 쉽지 않다는 생각이 듭니다.

1990년, 미국에 온 지 얼마 되지 않아서였습니다. 그때 저는 ESL (English as a Second Language) 클래스에 등록해 다니고 있었지요. 천천히 학교에 재미를 붙이는 중이었는데, 어느 날 미국에 와서 가장 재밌었던 순간에 대해 짧은 에세이를 쓰라는 숙제를 받았습니다.

순간 '팟 럭Potluck'이라는 미국 특유의 파티 관습이 떠올랐습니다. 초청자가 모든 음식을 다 준비하는 우리나라와는 달리, 미국에서는 각자가 음식들을 조금씩 준비해 와 서로 나누어 먹는 식의 '손쉬운' 파티들을 즐기는 걸 좋아합니다.

그 며칠 전, 저는 처음으로 미국 가정의 팟 럭에 초대돼 불고기를 만들어 갔다 온 참이었습니다. 초대받은 각자가 음식을 담아 가니 어떤 음식이 나올지 모르고, 그야말로 단지Pot에 담긴 행운luck이라고 할 수 있지요.

그런데 핵심이라고 할 수 있는 그 'Potluck'이라는 단어를 까먹은 겁니다. '파티는 파티였는데……' 하다가 에세이에 'Pot Party'라고 써 버렸습니다. 그리고 그 숙제를 제출했지요. 그런데 집에 가려 할 때 선생이 절 부르더군요.

"너…… Pot Party 잘 했냐?"

"잘 했는데요……?"

"그거 불법이야……."

'엥? 모여서 파티하는 게 왜 불법이지?'

순간적으로 제가 뭘 잘못했다는 건 깨달았는데, 그때 선생님이 다시 물어봤습니다.

"파티, 다 좋아했니……?"

"모두 다 만족하고…… 다 행복해했는데요. 마침 배도 무척 고팠고……"

선생은 더 심각한 표정을 지었습니다.

저는 한참을 제가 했던 짓(?)에 대해 모자라는 영어로 설명을 했습니다. 그런데 한참 듣던 선생이 느닷없이 배를 붙잡고 허리를 90도 각도로 꺾어 가며 웃는 것이었습니다. 알고 보니 '항아리'라는 뜻을 지닌 'Pot'이란 단어는 대마초의 속어로도 쓰이고, Potluck이라고 써야 할 것을 Pot Party라고 했으니, 전 졸지에 신나게 대마초를 피우는 파티를 즐긴 셈이 됐지요. 게다가 나중에 알고 보니, 대마초를 피우면 '행복'해지며, '배가 무척 고파진다'라고 하더군요. 그 다음부턴 절대로 'Potluck'이란 단어를 잊을 수 없었습니다.

또 한 번의 큰 실수를 했을 땐, 경찰에 끌려갈 뻔 했습니다..

그때 전 실업자였습니다. '하루라도 빨리 직장을 잡아야 할 텐데……'라는 고민을 달고 살던 때였지요.

어느 날, 워싱턴 주의 주도인 올림피아에 살고 있는 어린 사촌 동생이 고모부와 함께 놀러왔습니다. 캔디를 사 달라고 조르기에 집 근처의 세븐일레븐으로 걸어갔죠. 그때 제 마음은 언제나 무거웠습니다.

집안을 이끌어야 하는데, 장남이 직장이 없는 상태이니…… 그런 문제들이 늘 마음을 짓누르고 있었습니다.

어느새 가게에 도착했습니다. 종업원인 백인 아가씨가 아무 말 없이 서 있기만 하는 저를 이상하게 본 모양이었습니다. 사촌 동생은 자기가 찾는 캔디가 없어서, 한참을 헤매고 있었고…… 그 캔디 이름이 '블로우팝Blowpop'이었습니다.

스틱이 달린 사탕 안에 풍선껌이 들어 있는 독특한 사탕이었는데, 아무튼 항상 job에 대해서만 생각을 해서 그런지, 말이 이상하게 헛나와 버렸습니다.

"I want two Blowjob(!)s."

"뭐?"

"블로우잡 달라니까!"

여종업원은 바로 경찰을 불렀고, 전 멀뚱히 서 있었고, 3분도 안 돼서 경찰이 출동했습니다.

블로우잡이 뭔지를 알았어야지요. 출동한 경찰은 저에게 벽에 손을 붙이라고 명령하더니 제 몸을 수색하더군요. 상황을 내가 어떻게 설명했는지도 모르겠습니다. 혼이 반쯤 나갔으니까요.

아무튼, 경찰과 이야기가 안 되니, 근처에 살고 계신 삼촌이 어떻게 연락을 받고 오셨습니다. 그런데 경찰과 무슨 이야기인가를 나누시던 우리 삼촌이 배를 잡고 웃기 시작하시더군요. 그것도 경찰과 함께.

문제의 발단은 이 캔디 이름이었습니다. 그게 '블로우팝'인데, 전 '블로우잡'이라고 발음한 거지요. 문제의 '블로우잡'이라는 것은……

오럴 섹스를 의미하는 속어였던 것입니다. 결국 세븐일레븐의 여종업원에게 매우 야한 일을 요구한 것이 된 거지요. 그 다음부터는 창피해서 그 가게를 피해 다녔습니다. 가게 갈 일이 있어도 조금 멀리 떨어진 다른 가게로 가곤 했지요.

지금은 웃으면서 그런 일련의 사건들을 돌이켜 생각해 보지만, 당시로서는 참 아찔했던 순간들이 많습니다. 하지만 그런 황당하고 아찔한 일들이 없었더면, 또 지금의 제가 있있을까요?

우체부인 저에겐 나이 많은 미국 친구들이 꽤 있습니다.

보일스톤 애비뉴의 고색창연한 아파트 메일 박스도 오래된 것입니다. 제 라우트에 몇 개 되지 않는 나무로 만들어진 메일 박스들 중 하나지요. 그 안에 초콜릿과 직접 볶은 아몬드가 봉지에 곱게 담겨 있습니다. 풋, 웃음이 나옵니다. 조지앤 아주머니가 여행을 가시기 전에 저를 못 보니까, 이렇게 챙겨 주고 떠나신 겁니다.

환갑을 넘긴 지 2년이 되는 조지앤 시벡 아주머니는 알래스카 항공사의 스튜어디스였고, 이 아파트의 입주자 대표회의 회장을 맡고 있습니다. 따라서 전출입자가 생겼다든지 하면, 꼭 이 집에 가서 물어보는 게 상례가 되었습니다.

조지앤은 지난 해 직장에서 은퇴했습니다. 이유는 그녀의 병 때문인데, 오랜 시간 비행기를 타다 보니 '모튼씨 신경종'이라는 병이 생겼습니다. 발의 신경이 계속되는 지속성 압박에 의해 왜곡되면서 마치 종양처럼 신경이 뭉쳐 버려, 조금만 자극을 받아도 매우 고통을 느끼게 되는 병이라고 합니다. 결국 조지앤은 정들었던 직장을 떠나야 했습니다.

집에서 쉬게 된 조지앤은 그 전에 일할 때는 전혀 몰랐던 그녀의 우체부와 매일 얼굴을 맞대야 하는 상황이 됐습니다. 그러다 보니 일상의 사소한 이야기를 나누게 되고, 또 좋은 벗이 됐습니다. 지난번 성탄절 때 그녀의 메일 박스 안엔 카드와 초콜릿이 들어 있었고, 이번 밸런타인데이 때도 초콜릿이 얌전하게 자리잡고 있었습니다. 그리고 아주머니가 여행 떠나시기 전에도, 자기 메일을 잘 지켜 주는 것에 감사하다는 짧은 편지와 함께 제 주전부리들을 넣어 주신 것이죠.

조지앤의 이런 자상함에 대해 고마움을 표한 적이 있었습니다. 그러자 그녀는 제게 "조셉이 아니었으면 그런 일은 없었을 것 같아. 지금껏 조셉처럼 우리에게 관심 가져 주고, 말 붙여 주고, 진정으로 마음 써 주는 우체부는 없었어"라고 말하더군요. 일상에서는 외로움을 별로 내색 안 하려 하는 미국인들이, 사실 내면으로는 얼마나 외롭고 사람을 그리워하는가를 보여 주는 단면이라 할 수 있겠습니다.

아무튼 조지앤은 지금 제게는 제 라우트에 살고 있는 '우리 이모'라고 해도 과언이 아닐 정도로 저를 챙겨 줍니다.

개인적인 생각이지만, 미국에 와서 영어를 배우고 싶다면, 동네 공원 같은 데 혼자 나와 앉아 있는 점잖은 노인네들 옆에 가만히 앉아 있는 것이 빠르다고 생각합니다. 처음엔 한두 마디 그냥 인사말만 오가고 조금 조금씩 서로의 이야기를 하다 보면, 말상대에 굶주렸던 그

노인들은 한두 마디씩 자기 이야기를 시작할 겁니다. 그리고 처음에는 그 말들을 못 알아듣더라도 어차피 한두 마디라도 '내 이야기'를 안 할 수 없고, 그러다 보면 조금씩 말이 늘어서 그들과 쉽게 친구가 될 수 있으리라고 생각합니다. 그리고 거기서 한두 마디씩 말하게 되는 것은 영어를 배우러 온 학생들에겐 정말 다시없는 '살아 있는 학습'이 될 것입니다.

조지앤은 제게 소중한 영어교사이기도 합니다. 가끔 제가 무턱대고 던지는 말의 억양이나 발음에 대해, 그녀는 전혀 제 기분이 상하지 않도록 배려하며 고쳐 주곤 합니다. 제가 미국에 온 지 거의 20년이 되었다고는 하지만, 억양이나 발음이 여기서 태어난 사람들처럼 정확할 순 없지요. 대부분의 미국 사람들은 제가 하는 말에 별 지적을 안 하고 넘어가지만, 조지앤은 꼭 내 말을 한 번 더 자기가 되풀이하는 것으로 제게 '암시'를 줍니다. 그러면 저는 다시 제 억양이나 발음을 고쳐 이야기하고, 그래서 제가 제대로 발음하면 그녀는 살짝 웃습니다. 아무튼 알고 보면 '무서운 독선생님'이시요.

하루에 15분이나 20분, 조지앤 아주머니와 이야기하는 시간은 길지 않지만, 그래도 덕분에 제 영어가 확실히 틀려졌음을 느낍니다.

여기서 잠깐, 영어공부에 도움이 될 만한 조언을 해볼까요?

영어엔 왕도가 없습니다. 그저 많이 읽고, 말하고, 쓰고, 들어야 합니다. 가장 쉬운 글은 신문입니다. 짧은 문장, 정확한 문법을 지킨 문장들의 나열이지요. 신문과 잡지는 차이가 무척 납니다. 잡지는 감성이 섞여 있는 글들이 많아서 처음 볼 때는 좀 힘들다 싶지요. 지역 신문이 영어공부하기엔 가장 좋고, 그러다가 《뉴욕 타임스》나 《워싱턴 포스트》 등을 읽을 수 있을 정도가 된다면 읽기가 많이 향상됐다고 할 수 있습니다.

그리고 영어로 일기를 써 보고, 다 쓰신 후엔 꼭 퇴고를 하세요. 문법에 자신 있는 분이라면 틀림없이 적지 않은 오류를 발견하게 될 겁니다. 한두어 문장, 세 문장의 짧은 글 속에서도 잘못된 것들이 나오기 마련입니다. 계속 쓰시고, 유의어를 사용하는 연습을 많이 하십시오. 그러다 보면, 조금씩 영어가 늘어 가는 자신을 발견하게 될 겁니다.

영어로 웅얼거릴 일이 있다면 거울을 보고 스스로에게 말하세요. 미국에 와서도 입이 트이지 않아 얼마나 고생했었는지 모릅니다. 입이 트이지 않는 근본적인 이유는 '남이 하는 말이 들리지 않기 때문'이지요. 이 때문에 열심히 듣고 말해야 한다는 겁니다.

그리고 기왕에 영어를 배우려면, 인간적으로 사람들과 좋은 관계를 맺어가며 영어를 배울 수 있는 방법들도 얼마든지 있다는 것을 알려드리고 싶습니다. 예를 들어, 내가 조금 영어가 달리더라도 학교에서 마련해 주는 자원 봉사자 기회에 참여해 일하는 것이라든지, 자기가 살고 있는 아파트 이웃들을 잘 알아두고 함께 이야기를 나누며 외로운 사람들, 특히 노인들의 말벗이 되어 주는 것이라든지…… 그렇게 해서 '경쟁에 이기기 위해' 영어를 배우기보다는, 정말 세계인으로서 '함께 도움을 주고받으며 살아가기 위해서' 영어 배우기를 권하고 싶습니다.

그러다 보면 '말'만 이해하게 되는 것이 아니라, '문화'와 '사람'을 이해하게 됩니다.

또, 그러다 보면 내 인생에 있어서 가장 큰 선물을 얻게 됩니다.

시애틀의 추억 응집소,
파이크 플레이스 마켓

한국이나 미국의 타지에서 손님이 온다면 틀림없이 모시고 갈 곳들 중 1순위로 꼽히는 파이크 플레이스 마켓Pike Place Market. 이곳엔 시애틀 1가에서 워터프론트와 퓨젯사운드 바다가 한눈에 내려다보이는 활기찬 시애틀의 일상이 그대로 담겨 있습니다. 얼마 전 가장 가까운 친구 하나가 딸과 함께 저를 찾아왔을 때, 저는 주저하지 않고 이곳을 제일 먼저 찾았습니다. 어디를 가든지 시장이란 장소는 활기가 가장 넘치는 곳 중 하나겠지만, '퍼블릭 마켓'이라는 이름으로도 불리는 시애틀의 파이크 플레이스 마켓은 시애틀 주민들의 애정을 듬뿍 받는 곳이기에 그 활기가 더욱 남다르게 느껴집니다.

그러나 서울에 산다고 남산 타워에 매일 올라가지 않는 것처럼, 저도 이곳에 '제대로' 발걸음을 해본 적이 별로 없더군요. 그날, 친구와 함께 새로 발견해낸 이곳의 구석구석과 골목골목의 예쁜 상점들은 아마 앞으로 저를 종종 이곳으로 이끌 것 같습니다.

파이크 플레이스 마켓엔 서민들의 애환이 서려 있습니다. 시애틀에서 가장 에너지가 넘치는 곳으로 불리는 이곳은, 1907년에 생긴 오래된 시장입니다. 솔직히 수퍼마켓보다 좀 비싸긴 해도, 항상 신선한 야채와 어패류 등이 풍부하고 각종 민예품, 장신구 등을 직접 만들어 판매하는 직판장이라 할 수 있습니다.

시장 입구에는 청동으로 만든 돼지 저금통이 있는데, 단순한 조각상이 아니라 저금통입니다. '레이첼'이라는 이름도 있다고 하는데, 기부된 돈은 모두 어려운 사람들을 돕는 데 쓰입니다. 파이크 플레이스 마켓의 가장 유명한 랜드마크 중의 하나이기도 한 이 레이첼은, 1986년 워싱턴 주의 예술가 조지아 거버가 만들었다고 합니다.

'레이첼'이라는 진짜 돼지의 모습을 그대로 본따 만들었다는 이 저금통 근처엔, 역시 구리로 만든 돼지 발자국이 곳곳에 박혀 있는 것을 볼 수 있습니다. 이 각각의 발자국에는 이 마켓의 상설화를 위해 기부한 이들의 이름이 쓰여져 있어서, 시애틀 주민들의 이 마켓에 대한 애정을 그대로 보여주고 있습니다. 이 발자국을 따라가다 보면 반가운 이름도 보입니다. 제 영어 선생님인 조지앤도 이곳에 기꺼이 기부를 했고, 그녀의 이름도 이곳에 남겨져 있는 걸 볼 수 있습니다.

이 저금통에 지금까지 모인 돈은 10만 달러가 넘는다고 하는데, 가끔 발견되는 외국 동전들은 유치원 아이들을 위한 장난감으로 쓰인다고 하는군요.

애초에 이 돼지 저금통을 만들자고 발의한 건, 상인들이 자체적으로 운영하는 파이크 플레이스 마켓 재단위원회였다고 합니다. 아직도 사람들이 이 저금통에 돈을 넣는 모습을 볼 수 있습니다. 종종 사람들이 이 복잡한 시장에서 구경을 하다가 서로 엇갈리는 경우가 생기는데, 이럴 때도 레이첼은 좋은 표식이 되어 주기도 합니다.

"만일 놓치면, 돼지 앞에서 만나!"

이곳을 구경하는 많은 사람들에게서 들을 수 있는 말이기도 합니다.

이곳은 애초에 시애틀 인근의 농부들이 모여 서로 물물교환하던 장터 형식으로 운영되다가, 결국 상설화되었습니다. 당시에도 이 자리의 땅값은 금싸라기 값이었기 때문에 농부들은 이곳을 거의 '무단 점거투쟁'하다시피 했고, 결국 시로부터 이 자리에 시장이 설 수 있도록 허가를 얻어냈다고 합니다.

이곳에 있는 건물들은 100년이 넘은 게 허다하고, 시장 구석구석에는 옛것과 지금의 모습이 적절하게 혼재되어 있습니다. 그런 모습 때문에 이곳은 시애틀의 어느 곳보다도 많은 사람들이 찾으며, 과거 시애틀의 정취를 그리워하는 사람들의 '그리움'을 채워주고 있습니다.

시장과 1가 사이에 위치한 포스트 앨리 골목에 있는 '파이크 플레이스 차우더Pike Place Chowder'는 시애틀 멋쟁이들이 찾는 오래된 조개수프 집입니다. 클램차우더 메뉴 하나로 수십년을 버텨 왔고, 이날도 북적북적거리더군요.

거기서 조금만 더 올라가면 시애틀 최고 레스토랑 10개 중 하나로 선정된 프랑스풍의 간이식당 '카페 샹파뉴Café Campagne'가 위치하고 있습니다. 《시애틀 타임즈》에도 자주 나왔고, 또 와인 전문 잡지인 《와인 스펙테이터》에서도 최고의 식당으로 꼽은 곳이지요. 좋은 프랑스 요리를 내놓는다 해도, 골목 끄트머리에 앙증맞게 자리잡은 이 레스토랑은 얼핏 보기엔 지나치기 쉽습니다. 이런 곳들을 찾아 최고의 레스토랑으로 꼽아 놓는 시애틀 사람들의 세심함이 잘 드러나는 것 같습니다.

미국 사람들이 간단한 아침으로 애용하는 베이글 전문점인 '파이크 플레이스 베이글스Pike Place Bagels' 역시 그냥 지나칠 수 없는 집이지요. 매일 신선한 베이글을 만드는데, 일단 밀가루 반죽을 해서 삶은 다음에 구워내기 때문에 쫄깃한 맛이 일품입니다. 커피 한 잔과 함께하는 베이글 샌드위치엔 때로는 훈제 연어를 넣기도 하는데, 그냥 크림 치즈만 발라 먹어도 맛있지요.

마켓 안에는 우리나라에서나 볼 수 있는 작은 규모의 중국집이 하나 있습니

다. 테이블도 몇 개 안 되고, 이름도 '파이크 플레이스 차이니스 레스토랑Pike Place Chinese Restaurant'이라는, 특색이라곤 찾아볼 수 없는 좁디좁은 식당인데도 시애틀 멋쟁이들의 사랑을 받습니다. 여기서는 퓨젯사운드 바다가 한눈에 시원하게 들어오지요. 특히 해산물 요리가 유명한데, 생강 소스로 졸여낸 게 요리가 정말 맛있는 집입니다.

시장 제일 윗층에서 아래층으로 내려가는 입구엔 '아테니언 시푸드Athenian Seafood'라는 식당이 있습니다. 이 식당의 입구엔 〈시애틀의 잠 못 이루는 밤〉의 스틸 컷이 걸려 있고, 주인공인 톰 행크스와 이 집 주인이 함께 찍은 사진도 잘 걸려 있습니다. '아테네 사람들'이라는 이름에서도 알 수 있듯, 이 집은 이 시장이 생긴 지 얼마 안 된 1909년 세 명의 그리스 이민자 형제들이 영업을 시작했고, 1933년 금주법 시행철폐 이후 시애틀에서 처음으로 정식 주류면허를 받아 술을 팔기 시작한 곳으로도 유명하지요.

자, 파이크 플레이스 마켓에서의 맛집 여행을 끝냈으면 커피 한 잔 해야겠지요. 시애틀의 상징이자 시애틀을 고향으로 하는 '스타벅스'의 1호점은, 단순히 커피하우스가 아닌 전 세계 커피 마니아들의 순례지 같은 곳이라고 할 수 있습니다.

지금은 세계에서 가장 큰 다국적 커피전문점으로 성장했지만, 원래는 동네의 커피 맛에 개성이 없다는 느낌을 가졌던 커피 마니아 제리 볼드윈, 고든 보커, 지브 시글 등이 '맛있는 커피'를 만들어 보자는 신념으로 1971년 이곳 파이크 플레이스에 1호점을 개점했지요. 당시엔 커피 원두를 판매하는 소매점이었지만, 1987년 하워드 슐츠가 인수한 후 이 커피점은 세계 커피 문화 자체를 바꾸는 역할을 하기도 했지요. 지금도 항상 이 가게 앞은 그 '순례객'들로 문전성시를 이루지만, 아이로니컬하게도 시애틀의 멋쟁이 커피 마니아들은 스타벅스로부터 조금 마음이 멀어진 듯한 인상을 받곤 합니다. 늘 주민들보다는 관광객들로 붐비고, 그 옆에서는 나름대로 내공 있다는 길거리의 악사들이 연주를 하면서 관광객들로부터 자발적인 '관람료'를 받기도 합니다. 때로는 이 길거리 공연이 정말 볼 만하기도 한데, 때때로 이곳에서 노래를 하는 흑인 중창단의 소울이나, 아니면 마켓 안의 계단참에서 노래를 하곤 하는 페루 악사들의 공연은 오히려 전문 악단의 실력을 능가한다는 평도 받습니다.

골목골목에 숨어 있는 찻집들과 와인 가게들을 돌아다니며 즐거운 시간을 보내고, 사람과 사람 사이의 그리움의 빈 잔도 넘치도록 채우는 것은 시애틀에 사는 이들의 특권이라 할 수 있을 것입니다.

문득, 우리나라 피맛골 생각이 납니다. 서울에 있을 때, 툭하면 친구들과 찾아가 막걸리며 약주에 파전이나 다른 간단한 안주류를 시켜놓고 신나게 마시고 취하던 곳. 친구들이 늘 진치고 있던 그곳이 없어졌다는 이야기를 들었을

때, 제 마음을 파고든 감정은 슬픔이었고, 아쉬움이었습니다. 이제 우리나라에 가도 예전에 제가 즐겁게 찾았던 곳들은 하나하나씩 없어지는 모양입니다. 인사동도 과거의 모습이 아니라고 들었습니다. 젊은이들이 막걸리에 자신을 맡기며 사회의 부조리에 대해 이야기하고, 큰 소리로 노래도 함께 부르고 했던 그곳의 정취가 사라졌다는 것이 아쉽고, 우리나라도 이곳처럼 오래된 곳들에 대한 애정을 가졌으면 하는 아쉬움을 가질 수밖에 없습니다.

역사가 짧은 미국은 원래 조금이라도 오래된 것이면 소중하게 간직하고 그 모습을 그대로 지켜내면서도, 낡은 것들은 보수하는 것을 당연한 것으로 압니다. 하지만 낡은 것을 그냥 들어내는 것 같지는 않습니다. 무조건 버리기보다는 그곳에 남은 '흔적'을 되살려 사람들의 '추억'을 보존하려 하는 것 같습니다. 한국 사회가 보여주는 무조건식의 난개발. 그건 개발이 주는 이익, 즉 '돈'에 우선 가치를 두고 있기에 가능한 건 아닌가 하는 의심을 품을 때가 있습니다. 우리의 정신, 그리고 역사보다 물질적 이익이 중요하다고 생각되면, 우리에게 '지켜야 할 것'은 없어지는 것 같습니다. 우리가 사람으로 살아가는 이상, 물질이나 이익보다는 정신이나 역사를 생각해 봐야 하지 않을까요?

'한국' 하면 떠올리게 되는 건물이나 장소가 흔적도 없이 사라져가는 것이 못내 아쉬운 것은, 제가 그곳을 떠나 있기 때문일지도 모르겠습니다. 나중에 우리나라에 가게 되면, 저는 무엇을 바라보며 한국을 추억해야 할까요? 아마 내가 지내던 시절의 한국과는 많이 단절되었겠지요. 내가 가지고 있던 정취의 단절을 확인하며, 많이 당황해하고 서글퍼할 것 같습니다. 언젠가 우리나라에 가게 된다면, 내가 가지고 있던 그 정서들을 다시 만나고 싶습니다.

제가 만일 시애틀을 떠나 살게 된다면, 그래서 시애틀을 그리워하게 된다면, 바로 그 정서들을 찾아올 곳으로 '파이크 플레이스 마켓'을 꼽겠죠. 그리고 이곳은 기억 속의 그 정서, 그 모습으로 자리하고 있을 겁니다. 내가 우리나라를 찾게 될 때, 항상 그 자리에서 내 기억을 찾아줄, 예전의 정서들을 만나게 해줄 곳은 어디가 될까…… 문득 궁금해집니다.

즐거운 밥벌이

세상의
모든 와인을
선물받은 날

 2008년 12월, 시애틀에 큰 눈이 기습적으로 내리던 날 아침, 출근길에 애를 먹었습니다. 평소에 막힐 때에도 대략 한 시간 정도 걸리고, 교통상황이 좋은 토요일엔 30분이면 충분히 갈 수 있는 거리인데, 이날 거의 세 시간이 걸렸습니다. 저만 그렇게 고생한 게 아니어서, 7시 30분까지 도착해야 하는 직장에 10시 넘어서 온 사람들이 태반이었습니다.
 시애틀은 언덕배기들이 많아서, 일단 눈이 쌓일 정도로만 오면 그때부터는 말 그대로 '꼼짝 마라'입니다. 이 눈 때문에 교통사고도 많이 나고, 이번엔 한파까지 겹쳐 그 눈이 모두 얼음으로 변하며 사고도 많이 났습니다. 제 라우트의 토마스 스트리트엔 경사가 매우 심한 언덕길이 한 군데 있는데, 그 전날 아침엔 배달을 하다가 이 길로 돌아가려는 차량들을 제가 몇 번 막아서기도 했습니다. 이 길을 내려가면 사고 날 것이 뻔하기 때문이었죠.

그런데 이곳을 떠나 다른 곳의 배달을 하고 점심을 먹다가, 식당에 설치된 TV를 통해 바로 그곳에서 큰 사고가 난 것을 알게 됐습니다. 전세버스 두 대가 이곳을 무리해 내려가다가 미끄러지면서 충돌, 이 중 한 대는 고속도로와 이어지는 차단벽을 들이받고 반쯤 공중에 달랑달랑 걸린 것이었습니다. 자칫하면 더 큰 사고로 이어질 뻔했네요.

아무튼 안 미끄러지려 애쓰며 걷다 보니 발목에 약간의 무리가 오고, 운전에 신경 쓰다 보니 목도 다 뻣뻣해지고……. 눈이 온 첫날은 아예 집으로 퇴근하는 걸 포기하고, 우체국 근처에 사는 친구의 집에서 하루 신세를 졌습니다. 다음 날 어떻게 집으로 운전해 돌아오긴 했는데, 우체국에서 고속도로 진입로까지 가는 데에만 40분이 걸렸습니다. 평소엔 5분 정도 걸리는데 말이죠.

이렇게 겨울엔 출퇴근도 힘들고, 일 자체도 좀 더 어려워집니다. 연말에는 소포가 많아지니까요. 경제 한파를 반영하듯 과거보다 우편물의 양이 많이 줄었습니다. 우체국 조회시간, 크리스마스여서 선물 배송이 많은 12월에조차도 매출이 크게 줄었다는 우체국장의 훈화 내용이 어쩐지 섬뜩하게 다가옵니다.

그럼에도 소포가 많긴 많습니다. 우체부들이 연말에 가장 신경 쓰는 점은, 바로 이 소포를 어떻게 안전하게 전할 것인가 하는 것입니다. 사람 사는 세상이다 보니, 어떤 사람들은 남의 집 문 앞에 놓인 소포를 훔쳐가는 경우도 있습니다. 심지어는 우체부인 저조차도 그런 일을 당한 적이 있죠. 한국에서 보내준 마른오징어며 자질구레한 것들이 담긴 상자를 저희 집 문 앞에서 누가 훔쳐간 것이죠. 기분이 이

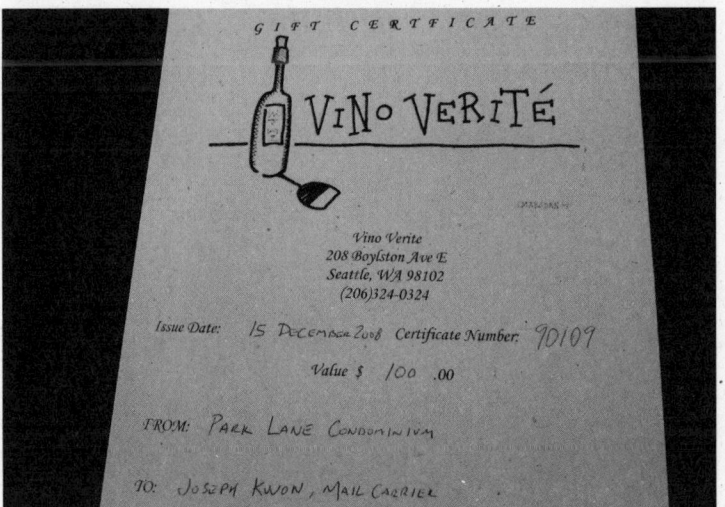

상하더군요. 경찰이 도둑맞은 느낌이 바로 이런 걸까요?

그런 일을 겪고 나니, 더욱 신경 써서 소포를 배달하게 되더군요. 되도록이면 집에 있는 사람들이 문을 열고 나와서 물건을 받는 것을 지켜보는 편입니다. 그 덕에 제 라우트에서 소포 배송 관련한 주민들의 불평을 받아 본 적이 없고, 주민들 역시 제 노력에 대해 어느 정도 이해해 주는 것을 느낍니다.

12월은 우체부들에겐 연중 가장 힘든 때이기도 하지만, 또 그만큼 보람을 느끼는 때이기도 합니다. 손님들이 크리스마스를 맞아 우체부들에게 선물을 줄 때도 있기 때문이죠. 주민들이 자기 우체부들이 정말 열심히 일한다는 것을 인정하고 보내 주는 이 성원, 정말 가슴이 뿌듯해집니다.

경기 한파가 휘몰아친 2008년, 하지만 저는 제 구역의 우편 수취인들로부터 와인을 가장 많이 받은 해로 기억할 것 같습니다. 물론 앞으로 어떤 일이 또 어떻게 일어나게 될지는 모르겠습니다만, 그래도 내 구역의 주민들에게서 받은 와인들은 아무래도 좀 특별했습니다.

눈 속을 헤치고 가서 어떤 아파트에 배달을 시작하려 메일 박스를 연 순간, '우리의 우체부 조셉에게'라고 쓰여진 봉투를 발견했습니다. 일단은 메일 가방에 넣어 놓고, 배달을 모두 마친 후에 제 가방으로 옮겨 넣었습니다. 사실 곳곳에서 이런 봉투들을 발견했는데, 대부분은 커피 카드나 초콜릿 같은 것들이 들어 있기 마련입니다. 그러나 이 아파트의 입주자 대표로부터 받은 이 봉투는 조금 특별했습니다.

집에 와서 열어 보니, 그 안에 들어 있는 것은 와인 상품권이었습니다. 제 라우트 인근에 있는 '비노 베리테Vino Verité'라는 와인숍에서 와인을 구입할 수 있는…… 조금 놀랐습니다. 그동안 저와 대화하면서 제가 와인을 좋아한다는 것을 알고 있었겠지만, 그래도 그걸 기억해 주고, 또 특별히 고려해서 이렇게 와인 상품권을 마련해 주다니. 왠지 미안하기까지 하더군요.

와인을 좋아하는 우체부를 위해 와인 상품권을 준비했다는 건, 그들이 제게 가진 애정과 관심을 반영하는 것이기에 보람 있고 뿌듯했습니다. 그날 오후, 저는 이 상품권으로 무슨 와인을 살까 생각하면서 무척이나 행복했습니다. 세상의 모든 와인이 제 품으로 들어온 그런 기분이었습니다.

세상이 어떻게 돌아가든, 제게 주어진 일에 최선을 다하며 살아갈 것입니다. 제가 열심히 일하는 것으로 인해 기뻐하고, 그 때문에 나를 기쁘게 하는 사람들이 분명히 존재하니까요.

행복을
배달합니다

 창밖엔 비가 내려 고여 있는 것이 보입니다. 시애틀의 날씨는 늘 이런 식이죠. 가을이 되면, 비가 시작됩니다. 비와 가을은 떼려야 뗄 수 없는, 말 그대로 '불가분의 관계'에 있는 것 같습니다. 가을은 커피의 수요가 확 뛰는 계절이며, 비에 젖은 낙엽의 계절이며, 커피향 가득한 거리의 계절입니다.
 한때 시애틀 시가지엔 이른바 '에스프레소 포장마차'가 잔뜩 늘어서 있었습니다. 시애틀 시에서 그 포장마차에 달려 있는 에스프레소용 보일러가 폭발 위험성이 있어 시민들에게 위험하다는 판결을 내린 후, 이 시애틀의 명물들은 길거리에서 자취를 감추고 말았죠. 얼마나 마음이 아렸는지 모릅니다. '스타벅스나 시애틀즈 베스트 같은 큰 커피회사들의 로비활동이 있지 않았을까?' 하는 의심까지 들더군요.
 가을에 그 커피 포장마차들은 진가를 발휘해 주었습니다. 바람이 잔잔하고 실비가 내리는 오후면, 이 커피 포장마차들에서 흘러나오는 커피향은 거리를 떠나지 않고, 오히려 땅에 깔려 도심을 채우는 듯했습니다. 거리의 한 모퉁이에서 때로는 그 진한 커피향에 깜짝 놀라 뒤나 옆을 돌아보기 일쑤였고, 만일 내 시선이 닿는 곳에서 어느 바리스타 아가씨가 웃고 있다면, 전 영락없이 커피를 사야만 했습니다. 그리고 그 커피 바리스타 아가씨와 길거리에서 짧은 대화를 나누기도 했던 걸로 기억합니다.

커피 포장마차를 빼앗긴 시애틀의 낭만은 절반으로 줄었습니다. 가을비에 묻어나는 에프스레소 향이 약한 시애틀은, 내가 알던 시애틀이 아닌 듯하여 내딛는 발걸음에 힘이 빠지는 것 같습니다.

마가렛 할머니의 아파트 앞에 다다랐습니다. 캐나다에서 공무원으로 일한 적이 있는 여든다섯 살의 스코틀랜드 사람, 마가렛 할머니는 남편과 사별한 지 꽤 오래됐고, 지금 살고 있는 벨몬트 거리의 조그만 아파트에서 40년 이상을 살았다고 합니다. 몸이 아파 일을 못 하게 된 이후로 캐나다와 미국에서 나오는 연금으로 살고 있는데, 다행히 아파트 주인이 좋은 사람이어서 렌트비도 크게 깎아 준다고 하네요.

그날은 다른 주에 사는 마가렛 할머니의 친구가 선물을 보냈던 모양인데, 그게 꽤 무거웠습니다. 일반적으로 아파트 지역에 배달을 하는 우체부들은 이런 무거운 소포가 왔을 경우, 분홍색 통지서에 소포가 왔다는 것을 통지만 합니다. 그것은 일단 아파트 우체통 앞에 소포를 방치함으로 생길 수 있는 도난사고를 예방하자는 이유도 있지만, 진짜 이유는 우체부들의 부상을 막기 위해서입니다. 무거운 걸 들다

가 허리나 발을 다칠 수도 있기 때문이죠.

그러나 수취인이 나이도 들고 차도 없는 걸 뻔히 아는 제가 차마 그렇게 할 수는 없더군요. 결국 그 소포를 들고 거리로 나섰습니다. 벨몬트 거리의 후락한 아파트 꼭대기 층까지 그 무거운 걸 들고 끙끙대며 올라가 문을 두드리니, 할머니가 문을 빠끔히 엽니다.

"조셉…… 이거 내 거야?"

저는 웃으며 고개를 끄덕거립니다.

할머니는 놀라시는군요.

"내가, 여기에 40년 이상 살았지만, 사실 이런 서비스를 받아 본 적이 없는 거 같아…… 다들 우체통 앞에 소포를 놓고 갔었는데……."

나는 웃으면서 이야기합니다.

"그때는 사람들이 착하고 좋았을 때지요. 자기 것이 아니면 안 가지고 갈 때고, 지금은 그러면 안 될 것 같아서요."

이 할머니는 혼자 살지만, 참 정갈하게 해놓고 삽니다. 방의 장식들도 유럽풍이고…… 아마 젊으셨을 적엔 무척 미인이셨을 겁니다. 가끔 병원이나 장보러 가실 때에만 외출을 하는데, 꼭 영화 〈드라이빙 미스 데이지Driving Miss Daisy〉의 주인공처럼 단아하게 차려입습니다. 계단을 올라갔다 내려갔다 하는 것이 너무나 힘들다고 하는데, 몇 년 전 심장 수술을 받고 나선 더욱 힘들다고 합니다.

"여기에다 좀 내려 주면 좋겠네."

저는 고개를 끄덕거립니다.

"문제없어요."

할머니가 제게 그러잖아도 물어보고 싶은 게 있었다며 말을 거는데, 표정이 심각합니다.

"캐나다에서 와야 하는 수표를 아직 못 받았는데…… 그걸로 렌트비를 내야 하는데 어떡하지?"

물론, 이 할머니가 그 렌트비를 이번 달에 못 낸다 해서 쫓아내 버릴 야박한 주인은 아니지만, 그래도 남에게 폐 끼치는 걸 참 싫어하는 전형적인 영국인인 이 할머니의 표정은 근심으로 가득 차 있었습니다.

"음…… 제가 설명해 드릴게요. 공휴일이 끼었구요. 또 캐나다에서 오는 수표니까, 앞으로 이틀에서 사흘 후면 올 거예요."

이렇게 저렇게 설명을 해드렸고, 할머니를 안심시켜 드렸습니다.

그 집을 나서는데, 할머니가 다가오더니 저를 꼬옥 안으십니다.

"조셉…… 나의 수호천사."

순간 가슴이 뭉클했습니다.

가끔 바깥에서 이 할머니를 뵈면 차에서 내려 손잡고 길 건네 드리고, 소포가 오면 위층으로 올려다 드리고, 가끔 짧은 순간 말동무 해드리는 것이 제가 하는 전부입니다. 하지만, 할머니는 그 시간이 정말 기다려지신다고 합니다. 그리고 그 작은 성의 하나로 저를 천사로 만들어 주셨네요. 지상에서 천사가 되는 게 이렇게 쉬운 일이었다니…… 저에게 천사가 될 기회를 베풀어 주신 할머니께 감사할 뿐입니다. 가끔 한 번씩 뜬금없이 문을 두드려 봐야겠다는 생각도 듭니다. 저를 기다리시던 할머니가 정말 반갑게 맞아 주시겠죠.

마가렛과 작별한 후 차로 가는데, 갑자기 이상한 불편함이 엄습합니다. 밑을 보니 신발 끈이 풀렸네요. 우체부들의 신발은 꽤 무겁습니다. 등산화만큼은 아니지만, 굽이 단단하고 일반적으로 발목까지 올라오는 두터운 가죽 신발입니다. 우체부에겐 아주 튼튼한 신발이 필요합니다. 그래야 덤비는 개가 있다면 안심하고 뻥 차줄 것이고, 쉽게 닳지도 않을 테니까요. 이 튼튼한 신발이 가끔씩 끈이 풀려 저를 귀찮게 합니다.

허리를 굽혀 신발 끈을 다시 조이는 그 순간, 제 마음을 함께 조이는 기분을 느낍니다. 그리고 길가 턱에 발을 올리고 신발 끈을 더 단단히 죄는 순간, 아내가, 두 아이가, 저희 부모님이, 그리고 마가렛을 비롯한 내가 '책임져야 할' 많은 사람들의 얼굴이 함께 떠오릅니다.

그 얼굴들은 내가 왜 내 일에 최선을 다해야 하는지를 다시 상기시킵니다. 그것은 제가 제 일을 통해 '행복을 만들기' 때문입니다. 일을 통해 가족의 행복을 만들고, 우편물을 받는 사람들의 행복을 만들고……

딩동, 당신의 집에 우체부가 갈 때마다 행복도 덤으로 배달됩니다.

우편물에
생명 부여하기

　꽃그늘 아래를 걸으며 편지를 나릅니다. '목련꽃 그늘 아래서 베르테르의 편질 읽노라'는 4월의 노래가 떠오르곤 하네요. 지난해와 마찬가지로, 목련꽃 그늘 아래로 수많은 베르테르들의 편지를 수많은 로테들에게 날라 주었습니다. 물론 연애편지보다야 광고가 더 많고, 애절한 사연을 담은 편지보다는 각종 세금 및 공과금 고지서가 더 많은 게 현실이긴 하지만, 어쨌든 시애틀의 우체부는 행복한 마음으로 내가 제일 좋아하는 브로드웨이 라우트 11 꽃그늘길을 열심히 걸으며 제 라우트의 아가씨들과 청년들, 아저씨들, 할머니들에게 사연을 나르고 웃음을 전해주고, 그렇게 웃음을 건네받았습니다.
　물론 우체부는 웃음뿐 아니라, 아픔을 전해야 할 때도 있습니다.
　몇 년 전, 그러니까 제2차 이라크 전쟁이 시작된 지 얼마 안 되었던 때입니다. 편지를 배달하던 중, 제게 받은 배달 증명 편지의 봉투를 찢고선 내용을 읽고 파르르 떠는 흑인 아주머니를 보았습니다. 속으

로 궁금해지더군요.

'왜 저러지? 저 아주머니가?'

갑자기 그녀는 제게 기대어 선 채 엉엉 울기 시작했습니다. 보기만 해도 가슴이 아파지는, 그런 눈물이었습니다.

'무슨 나쁜 사연인가?'

연신 "오 마이 갓, 오 마이 갓"을 연발하며 눈물을 줄줄 흘리는 그녀를 다독이며 물었습니다.

"무슨 일 있어요?"

"내 동생…… 동생을 잃었어요……."

"오, 갓. 아임 소 쏘리……."

그 편지의 내용은, 이라크전에 참가한 그 아주머니의 동생의 전사 내용을 통보하는 것이었습니다. 원래 전사통지서는 군인들이 유품과 함께 정장하고 와서 전해주는 것이 상식이지만, 워낙 많은 사람들이 전사하다 보니, 일단 그런 형식은 나중에 갖추고 우편으로 가장 중요한 내용인 전사통지서를 보낸 것이었습니다.

무슨 일인가 궁금해하며 나온 이웃들. 그 이웃들도 함께 "오 갓"을 연발하며, 그녀를 달래고 안아 줬습니다. 저는 편지를 배달하기 위해 그 자리를 떴고, 그 다음 배달구역에 가는 도중 차 안에서 눈물을 펑펑 쏟아냈습니다. 그리고 전쟁으로 인해 자신의 뜻과는 상관없이 목숨을 잃은 한 청년을 위해 기도했습니다.

웃음을 전하든, 슬픔을 전하든, 결국 우체부는 그리움을 전합니다. 그리고 그리움을 전하는 우체부는 그리움을 건네받습니다.

어느 아파트에서는 할머니 한 분이 꼭 제가 오기를 기다렸다가 말 한마디라도 건네고 제가 배달하는 모습을 지켜보기도 하는데, 저도 꼭 몇마디 말이라도 붙이고 말상대를 해드립니다. 그 할머니는 그게 고마웠던지, 극구 사양하는데도 불구하고 제게 10달러짜리 스타벅스 커피 카드를 안겨주기도 했습니다.

시름의 다우드를 맡게 되어 다시 돌아오던 날, 저는 이들이 보여주는 '그리움'의 구체적인 모습을 봤습니다.

어지간한 모델보다 훨씬 예쁜 아가씨 킴벌리는 100미터 앞에서부터 달려와서 저를 꼭 안으며 "조셉! 많이 그리웠어!"라고 외쳐 지나가던 사람들의 시선을 끌었습니다. 얼굴이 빨개진 아시안 메일 맨의 모습이 웃길 것 같습니다. 만약 아내가 이런 장면을 봤다면 울그락불그락해지지 않을까 하는 생각에 왠지 겁도…….

뚱뚱하고 사람 좋은 패트리시아 할머니는 제 손을 잡고 놓지 않았습니다. 가끔 일을 마치고 우체국으로 돌아가던 길에 뭔가를 잔뜩 사들고 아파트 계단을 힘들게 올라가는 할머니의 모습이 안쓰러워 차를 세우고 그 짐을 3층까지 들어다 주곤 했었는데…….

"조셉, 내 친절한 우체부. 그동안 어디 갔었어?"

눈물까지 글썽거리는 패트리시아 할머니 때문에, 나까지 눈물이 핑 돕니다.

"아, 다시 돌아왔어요. 앞으로도 계속 여기 있을 거예요."

게이의 천국 브로드웨이답게, 남자들의 환영도 꽤 받았습니다. 내

눈을 빤히 들여다보면서 "그리웠어……"라고 말하는 존 아저씨조차 그날은 그저 반가웠습니다.

우편물을 기다리는 사람들을 만나다 보면, 다짐하는 바가 생깁니다. 저는 모든 메일에 제대로 생명을 부여하고 싶습니다. 메일에 생명을 부여하는 길은 당연히 그 주인으로 하여금 '읽히도록' 하는 겁니다. 제가 맡은 라우트의 모든 주민 이름을 외우고, 집 앞까지 우편물을 배달하도록 노력하는 것. 이런 일들이 제 우편물에 생명을 부여하기 위한 작은 노력입니다.

아파트에 사시는 분들 많으시지요? 우체부들을 위해 동수와 호수를 잘 명기해 주세요. 물론 오랫동안 한 지역만을 배달해 온 고참 우체부들이야, 이름만 보고도 '아, 이 사람' 하고는 척척 배달 순서를 맞춰 낼 수 있지만, 신참들은 어디 새로 배치됐을 때 호수가 제대로 명기돼 있지 않은 광고용 메일은 어쩔 수 없이 버리게 됩니다. 시간엔 쫓기고, 사람들 이름은 아파트 우체통에 제대로 명기돼 있지 않고…… 이러면 우체부도 어쩔 수 없이 그 메일을 '죽여야' 합니다.

만약 우편물들이 살아 있는 것들이라면, 제일 자신의 존재를 억울해 할 우편물들이 있습니다. 우체국에서 천덕꾸러기 취급을 받는 건 광고용 전단지와 메일들입니다. '스탠다드 메일Standard mail'로 불리는 이 우편물들은 주인들이 이사갔을 경우 재발송되지 않고 그냥 버려집니다. 비영리재단에서 나오는 우편물들도 광고메일 취급을 받습니다.

이렇게 억울한 스탠다드 메일 중에서도 제가 유난히 신경쓰는 것

JURY DUTY
SERVE WITH PRIDE
USA 41

EXTRA STRPED

들이 있습니다. 무슨 일이 있어도 생명을 주기 위해 노력하는 것들이지요.

하나는 학교들, 특히 일반인들이 쉽게 다닐 수 있는 커뮤니티 칼리지의 수업 일정이 빽빽하게 채워져 있는 스케줄 북입니다. 교육은 사람의 운명을 바꾸어 놓을 수 있는 일이고, 제가 돌리는 그 전단 하나가 누군가의 미래를 밝게 할 수도 있습니다. 그래서 그런 우편물은 신경 써서 돌리게 됩니다.

또 하나는 월드비전이나 WFP(World Food Programme) 같은 국제적으로 인증된 기관의 후원 요청 메일입니다. 저는 지금 여기서 제 삶을 향유하며 살고 있지만, 주위를 돌아보면 어려운 사람들이 무척 많습니다. 전쟁, 기아, 질병…… 이런 원치 않는 것들이 자신의 삶을 '참상'으로 만들어 버리는 것에 대응할 수 없는 사람들…… 그 사람들은 단순히 그 지역에 태어났다는 것만으로 존중받아야 할 삶이 파괴되고 갈갈이 찢어져 버리고 있습니다. 그런 이들을 구체적으로 도울 수 있는 길들을 찾는 것이 바로 그 메일들입니다.

혹시 누가 그 전단을 읽고 10달러, 아니 단 1달러라도 기부한다면 그 아픔은 덜어질 수 있지 않을까…… 하는 마음에, 이런 메일은 함부로 버릴 수가 없습니다.

조금이라도, 아주 조금만이라도 제 일을 통해서 사람들이 사랑을 나누고, 고통을 나눴으면 합니다. 그러면 내가 돌리는 이 우편물들은 생명의 꽃이 될 수 있을 테니 말입니다.

나탈리가
키워준
꿈의 씨앗

더없이 아름다운 봄날이었습니다. 메일도 그다지 많지 않고, 거리를 걷는 동안 따뜻하게까지 느껴지는 바람이 편지를 전달하는 제 몸을 훈훈히 감쌉니다. 꽃들은 거리거리마다 그 화사한 자태를 드러내기 시작합니다. 벚꽃에서부터 시작된 봄소식은 이제 천천히 자목련들이 그 꽃망울을 맺는 것으로 구체화되기 시작하는 듯합니다. 어디선가 피어난 라일락은 그 존재를 내보이지 않아도 향기만으로도 자신의 존재를 알립니다. 꿈결 같은 봄거리, 우체부는 감상에 젖어 편지를 나릅니다.

"하이, 조셉."
"아, 나탈리. 오늘 날씨 참 좋지요?"
"오늘도 우편물이 많네."
"아녜요. 오늘은 적은 편이지요."

"매일매일 이렇게 힘든 일을 해주는 사람이 있다는 게 얼마나 고마운 일인지."

"글쎄…… 저한테 이 일은 직장 이상의 의미예요."

"그게 무슨 뜻인데?"

할머니는 궁금하다는 표정을 가득 지으며 물어 옵니다.

"이건…… 내가 살고 있다는 것, 그리고 이 세상에서 누군가에게 도움을 주며 살아갈 수 있다는 걸 보여주는 내 거울이지요."

할머니 눈이 놀랄 만큼 동그래집니다.

"지금까지 많은 우체부들을 봤지. 하지만 조셉처럼 열심히, 또 정확하게 편지를 날라주는 사람은 별로 보지 못한 것 같아. 왜 그런가 했더니, 그런 생각을 하고 있었군."

5분 정도 이어진 할머니와의 대화. 전 할머니에게 왜 내가 이 직업을 선택하게 됐는지, 그리고 그 전의 꿈은 어떤 것이었는지를 털어놓았습니다.

한국을 떠나던 해는 1990년.

그때는 참 공허한 것도 많았습니다. 대학교 3학년이란 나이 탓도 있었겠지만, 정확히 잡아낼 수 없는 아픔의 이유들이 가슴에 가득했습니다. 사회의 모순을 알게 된 제게 학업은 별 의미가 없는 것으로까지도 느껴졌습니다. 대학 생활 동안 수업보다는 거리에 서는 날이 더 많았고, 내 자의식은 끊임없는 현실 참여를 요구했죠. 그건 공무원이었던 어머니를 더욱 힘들게 만들었던 것 같습니다.

그러던 때, 미국 대사관으로부터 이민을 가라는 통지서를 받았습니다. 1981년 미국을 첫 방문한 아버지는 미국행을 주선해 달라고 고모부들께 부탁을 하셨습니다. 형제 초청 케이스로 이민 5순위로 등록, 쿼터가 열려 우리가 이민허가를 받을 때까진 거의 10년이 걸린 셈이죠.

갑작스럽게 미국행이 결정되고 식구들이 모두 분주했을 때, 저는 한국 땅을 떠날 것인가, 남을 것인가에 대해 고민했습니다. 어머니는 일단 퇴직할 때까지는 그냥 우리나라에 계시기로 했고, 아버지께서 먼저 저와 제 두 동생을 데리고 미국 땅을 밟기로 결정하신 것입니다. 뒤에 두고 가는 어머니 문제도 그렇고, 여러 가지로 신경이 쓰이는 것들이 많았지만, 저는 기대감과 자포자기의 심정을 함께 안고서 비행기에 몸을 실었습니다.

미국 와서 처음 3년간은 후회와 절망의 연속이었습니다. 영어는 늘지 않았고, 내가 할 수 있는 일은 가장 밑바닥의 일들밖엔 없었습니다. 한국에선 사회의 엘리트임을 자부심으로 삼고 살았던 제 모습, 그때는 이미 엘리트와는 거리가 멀 수밖에 없었습니다. 무너진 기대로 인해, 저는 언제나 귀국을 꿈꿨습니다. 한국에서는 '생활'만 하면 됐는데, 이곳에서 맞이한 첫 3년은 '생존'이었습니다.

제 자신 하나도 추스릴 수 없었습니다. 미국 생활에 적응하기 힘들었고, 그 타이트한 생존의 전선에서 지쳐 집으로 돌아와선 언제나 술을 찾았습니다. 몇 번이고 음주운전으로 걸릴 뻔도 했던 당시의 제 모습은 '자포자기'에 가까웠습니다.

그러다가 어머니께서 미국에 오셨습니다. 어머니와 아버지의 퇴직

금을 모아서, 우리 가족은 그로서리를 시작하기로 했습니다. 다행히 가게는 목이 좋아 손님이 끊이지 않았고, 그때부터 우리 가족은 조금씩 형편이 풀리기 시작했습니다. 더 이상 남의 가게에 나가 일할 필요가 없어져서, 제 공부도 본격적인 궤도에 올랐습니다. 일단 경제적으로 안정이 좀 되고 나니, 미국 생활에 제대로 적응해 나가기 시작했습니다.

대학에 다니던 중, 오랜 꿈이었던 기자 생활을 시작했습니다. 동경을 현실로 이뤘다는 점은 제게 큰 힘을 주었고, 때문에 쉽게 적응해 나갈 수 있었습니다.

사실, 학교 다닐 때부터 이곳에서 알게 된 친구들과 1992년 《빗소리》라는, 조금은 취미 비슷하기도 한 격월간 12면짜리 타블로이드 신문을 만들었죠. 동포 1.5세와 2세들의 시각에서 바라본 한인사회에 대한 이야기들이 실린 신문을 동포사회 식당들과 한국 마켓 등에 직접 배달했습니다. 나름 성원도 받았고 또 질책도 받았습니다. 그러다가 그 신문에 관심을 가졌던 어느 한인사회 주간지 사장님의 제의를 받아, 서북미한인사회에서 정식으로 기자생활을 시작하게 된 것이었습니다. 그렇게 몇 년간 주간지 《코리아 포스트》에서 일하다가, 나중에 《한국일보》 시애틀 지사로 직장을 옮겼습니다.

그리고 몇 년 후, 경영난과 프로그램 부재로 인해 수익 악화를 겪고 있던 오리건 주 한인사회 라디오 방송국을 살려 보지 않겠느냐는 제안을 받았습니다. 1998년, 아내가 첫 아이를 임신해 만삭일 때 오리

건으로 이사를 갔습니다. 그러나 그곳의 상황은 기대했던 만큼의 조건이 아니었습니다.

당시 오리건 주 한국 방송은 동포사회 뉴스에만 치우쳐 있었고, 정작 동포사회에 필요한 미국 주류사회 뉴스는 방송되지 않았습니다. 때문에 저는 아침에 출근하면 지역신문인《오리거니언The Oregonian》을 번역하고, 동포사회 뉴스를 여기에 함께 엮어 원고를 만들었습니다. 배 부른 아내와 원고를 읽어나가며 방송을 하고, 라디오 광고를 만드는 일까지 하며, 저녁 방송을 위해 지역사회를 취재하며 돌아다녔습니다.

그러나 그것도 하루 이틀이죠. 처음엔 봉급을 잘 지불해 주던 회사가 경영 악화로 인해 제때 봉급이 나올 수 없는 지경이 되자, 결국 더 이상 이곳에서 일을 할 수 없는 지경에 이르렀습니다. 또 그 좁은 동포사회 안에서 편이 갈리고 서로 싸우는 모습을 보는 것도 사람을 맥 빠지게 하는 일이었습니다. 애초에 내가 꿈꾸었던 기자 생활이 아닌 데다, 종종 사주와 부딪혀야 하는 현실도 참 힘들었고, '과연 내가 이 일을 계속해야 하는가?' 하는 회의가 들도록 만들었습니다.

동포사회에서 취재를 하다 보니, 한인 공무원이 없어서 동포들이 불편하다는 점이 눈에 띄었습니다. 그래서 신문기자를 그만두는 대신 동포사회를 위해 뭔가 할 일이 없을까 생각하게 되었는데, 마침 딱 떠오른 것이 경찰관이었습니다. 그 무렵 학교에 다시 입학해 경찰 시험 준비를 병행했고, 졸업할 무렵에는 둘째 지원이가 이 세상에 나왔습니다.

졸업 후, 우리는 오리건 주 생활을 접고 다시 워싱턴 주로 이사왔습니다. 지금 사는 집을 사고 가게를 돕던 중, 아내가 우체국에서 일하고 싶다는 생각을 하고 공부를 시작하더군요. 저도 경찰 시험을 치고 나서 결과를 기다리던 참이라, 아내와 함께 우체국 시험에 응시를 해 둘이 나란히 합격했습니다. 하지만 아이들이 너무 어렸기에, 저만 우체국에 다니기 시작했습니다. 경찰이 못 되어 아쉽긴 했지만, 임용 대기 기간이 너무 길어져 아무것도 못 하고 있는 것보다는 나았던 것입니다.

동포사회를 위해 하고 싶었던 경찰 공무원 대신 우체부가 되었지만, 이 일은 제가 처음 가졌던 '누군가를 돕고 싶다'라는 마음을 채워주기에 충분한 일이었습니다. 아니, 이 일을 통해 누군가를 도왔다기보다는, 오히려 제가 너무 많은 도움과 사랑을 받을 수 있게 되었습니다. 내 소중한 가족을 지키고, 이웃의 사랑을 알게 되고, 그래서 내 삶을 긍정하게 해줬으니까요. 내가 속한 사회에서 무언가를 열심히 하면서 서로 정을 나누는 것. 그것은 제가 꿈꿔 왔던 또 하나의 '제대로 된 삶의 모습'이었고, 저는 이 일을 통해서 그런 제 꿈 하나를 온전히 이뤄낼 수 있었습니다.

일을 하면서 꿈을 이룬다는 걸 사람들은 너무 어렵게 생각하는 것 같습니다. 남들이 우러러보는 일, 상위 1%…… 꿈의 부피는 이렇게 외향적으로 어마어마해야 한다고 생각하는 사람들, 내 일에 밥벌이 이상의 의미를 부여하지 않는 사람들. 그런 사람들이 너무 많으니까요.

미래가 아니라 바로 지금 이 순간, 남의 일이 아니라 바로 내 일을 찬찬히 들여다보면 어디나 꿈의 씨앗이 보입니다. 그동안 본인이 찾지 않으려 했을 뿐이죠. 누군가 발견해 주기를 원하고 있던 그 씨앗을 어떻게 키우느냐가 가장 중요한 게 아닌가 하는 생각이 듭니다.

전 나탈리 할머니에게 앞으로도 계속 이 라우트에서 일할 거라고 말해 줬습니다.
"조셉이 떠나지 않았으면 좋겠어. 정말 이 세상에서 만난 제일 좋은 우체부야……."
과분한 칭찬을 비료 삼아, 내 안의 씨앗이 좀 더 자라는 걸 느낍니다.

함께였기에 가능했던 레벤워스의 기적

시애틀에서 동쪽으로 130마일 정도 떨어진 산 속엔 '레벤워스'라는 마을이 있습니다. 저는 지금까지 이 마을을 거의 스무 번은 다녀온 것 같습니다.

이곳은 저에겐 참 많은 추억이 서린 곳이기도 합니다. 사촌 누이의 결혼식으로 인해 알게 된 독일마을. 처음부터 이 마을의 분위기에 흠뻑 빠진 저는, 손님이 오거나 친구들과 놀러갈 때 이곳을 코스에 꼭 넣곤 했습니다. 한번은 이곳에 다녀오는 길에 자동차가 전복되는 사고를 겪기도 했었죠. 눈이 많이 오던 어느 겨울날, 아내와 둘이서 그 눈을 헤치고 이 마을에 들어가 크리스마스 분위기에 흠뻑 젖어 1박하고, 그 다음 날 산속의 마을을 비춰주는 환한 햇살에 탄성을 질렀던 적도 있습니다.

제겐 이곳을 찾는 또 다른 이유가 있습니다. 적지 않은 와이너리(양조장)들이 그들의 테이스팅 룸을 이곳에 열고 있기 때문입니다. 중부 워싱턴은 미국에서 새로운 와인의 산지로 자리잡고 있지만, 이들이 살아남으려면 많은 사람들에게 알려져야 하는 법. 당연히 이들은 사람들이 많이 몰리는 곳에 자기들의 와인을 소개할 수 있는 곳을 열었습니다.

다운타운 레벤워스에만 해도 케스트렐 셀라, 실버레이크, 이시클 릿지, 이글 크릭 등 10개 이상의 와이너리들이 자기들의 테이스팅 룸을 열고 있습니다. 숙박처를 미리 정해 놓으면 운전할 필요 없이 이 와인 저 와인을 맛보며 즐거운 시간을 보낼 수 있고, 활기찬 거리를 활보할 수 있다는 점 또한 매력 중의 매력

입니다. 2002년부터는 하계에 본격적인 와인 페스티벌이 열려 애호가들을 즐겁게 하고 있습니다.

   독일풍으로 꾸며 놓은 마을인 만큼, 독일식 먹거리들이 풍부한 점도 이 마을의 특징 중 하나입니다. 거리엔 소시지 굽는 냄새가 가득하고, 10월이면 마치 진짜 독일처럼 '옥토버페스트Octoberfest'라는 맥주축제가 열려 그해의 햇맥주를 선보입니다. 많은 사람들이 이곳까지 와 이국적인 풍광을 즐기며, 맥주보다는 그 분위기에 흠뻑 취하곤 합니다.

   이 마을의 중앙이라 할 수 있는 프론트 스트릿 광장의 한중간에 세워진 길거리 공연용의 작은 무대. 독일 바바리아 지역의 전통 복장을 한 악단이 늘 공연을 하는데, 노래에 자신 있는 사람들은 이들의 반주에 맞춰 노래를 할 수도 있습니다. 저도 이모와 함께 이 무대에서 〈에델바이스〉, 〈도레미송〉 등의 노래를 부른 기억이 있네요.

   깊은 산속에 자리잡고 있기 때문에 분지가 형성됐고, 마을 한가운데로는 작은 강이 흐르는 이곳의 거리엔 독일풍의 수많은 맛집들이 유혹합니다. 저희 가족은 꼭 '바렌하우스'라는 곳에 들러 뮌헨식 소시지 구이와 감자볶음 요리, 그리고 생맥주나 독일식의 달콤한 리즐링 와인을 즐기곤 합니다. 이 집 말고도 맛집들이 많은데, 비엔나풍 식당인 '카페 모차르트' 역시 독일식 델리가 맛있는 곳으로 잘 알려져 있습니다.
 이런 맛집들뿐 아니라, 각종 공예품점과 인근의 과수원, 농장들도 이곳을 찾는 관광객들의 눈을 끌고 있습니다. 심지어는 세이프웨이 같은 수퍼마켓이나 스타벅스 커피점마저도 멋스럽고 예스러운 독일식의 옷을 입었습니다.

 이렇게 간판들까지도 세밀한 독일풍 장식의 건물들은, 이 산골마을에 생기를 불어넣었을 뿐 아니라 그들에게 '협동'의 중요성을 깨우쳐 주었습니다. 아마, 레벤워스야말로 미국 안에서도 가장 마을 주민들이 합심해 운영하는 마을 중 하나일 것입니다. 함께 어려움을 극복하고자 했던 이 사람들의 정신 때문에, 제게 있어 레벤워스는 인간의 위대함을 상징하는 하나의 키워드가 됩니다.
 레벤워스의 역사를 잠깐 살펴보죠. 이곳은 원래 이 땅의 주인이었던 원주민들이 옹기종기 모여 가꾸던 삶터였습니다. 야키마, 치누크, 웨나치족 등 3개 부족은 이곳을 중심으로 평화롭게 공존하고 있었죠. 그러다가 골드러시가 다가오자 금, 모피, 그리고 풍족하고 비옥한 토양을 찾아 이곳까지 찾아온 백인들이 정착하기 시작했던, 전형적인 서부의 역사를 지닌 마을입니다. 이들은 1890년 '이시클 평원'이라 불리던 곳에 정착지를 개간하기 시작했고, 이곳이 바로 레벤워스 마을이 되었습니다.
 19세기 말, 이곳엔 거대한 변화의 바람이 불었습니다. 동서를 잇는 철도가 이곳을 통과하게 된 것입니다. 이로 인해 레벤워스엔 일자리가 늘어나고 새로운 상업적 기회가 찾아와 일대 전기를 맞게 되었으며, 새로운 경제적인 붐을

맞게 됐습니다. 레벤워스는 목재산업이 번성하기 시작했고, 제재소는 이곳의 주민들을 거의 먹여살리는 큰 산업이었습니다.
 그러나, 철도를 소유하고 있던 '그레이트 노던 레일웨이'사가 이곳의 역을 다른 곳으로 옮기는 결정을 하게 되자, 마을 전

체가 급속히 침체됩니다. 특히 이로 인한 제재소의 폐쇄는 이 마을을 궤멸하다시피 할 만한 타격을 가져왔습니다. 이로부터 30년 동안 이 마을은 거의 유령마을이나 다름없는 모습으로 존재했습니다.

    1960년대 초, 주민들은 이곳에 관광산업을 유치하기 위해 최후의 승부수를 던지게 됩니다. 마을 전체가 유럽의 고산지대와 비슷한 자연환경을 최대한 살려 관광산업에 마을의 회생을 걸기로 한 거죠. 마을 사람 전체가 한마음이 되어 그들의 아름다운 천연자원을 활용하며, 이곳에 맞는 분위기로 독일마을을 건설하기로 했습니다. 이들은 워싱턴 주 중부를 거의 완벽하게 독일 바바리아 지방의 마을로 바꿔내는 데 성공했습니다. 다운타운 지역을 완벽하게 독일마을로 바꿔 버린 이들은 곧 몇몇 독일식의 축제를 만들어 냈습니다. 연례 낙엽축제로 시작해, 엄청난 인기를 끌고 있는 크리스마스 점등식을 비롯, 관광객의 눈길을 한 번에 사로잡을 수 있는 수많은 축제들이 계속 생겼습니다.

    오늘날 이곳을 찾는 관광객의 수는 연간 100만이 넘습니다. 그리고 제 경우처럼, 이 마을의 독특한 멋에 빠져 매년 이곳을 찾는 사람들이 생깁니다. 우리 사촌 누이도 그녀의 남편이 된 토니를 이곳에서 처음 만나 데이트를 하게 됐고, 결국 이곳의 성당에서 결혼식을 올렸습니다.

    한때 붐타운으로 각광받았던 이곳이 경제적으로 극한의 침체를 겪게 되고, 이를 극복하기 위해 주민들이 혼연일체가 되어 마을을 완전히 바꾸어낸 스토리는, 인간의 의지야말로 변혁의 주인공임을 보여주는 것 같습니다.

    그들이 '함께' 일군 이 작은 기적은, 저희에겐 '추억의 창고'가 되어주고 있습니다. 아마 이 때문에, 저희는 그 창고의 문을 열기 위해 이곳을 또 찾게 될 것입니다. 살면서 때로 추억이라는 것이 필요할 때, 그래서 그 '추억의 힘'으로 '오늘'을 살아갈 에너지를 얻고 싶을 때, 저는 아내의 손을 잡고 다시 이곳 다운타운 레벤워스의 예쁜 바바리안풍의 골목길을 걸어가고 있을 것 같습니다.

작은 풍요

인생에서
내가 원하는 맛은?

이른바, '미국 커피 문화의 중심지'라고까지 불리는 시애틀. 이곳이 커피의 도시임은 유명한 사실입니다. 스타벅스, 시애틀즈 베스트, 툴리즈 등이 모두 시애틀 산입니다. 커피하우스도 사실 유명한 것들이 많습니다.

지금은 세계화를 통해 전 세계에 널리 알려져 커피전문점의 대명사처럼 되어 버렸지만, 스타벅스는 원래 시애틀의 작은 커피숍으로 시작했습니다. 그러다가 나중에 시애틀 수퍼소닉스 프로농구단을 인수하기도 했던 하워드 슐츠가 이 작은 체인을 이렇게 세계화된 큰 기업으로 성장시켰지요.

스타벅스를 필두로 한 이들 성공한 커피전문점은 결국 시애틀의 다른 커피 제조업체들에게도 영향을 끼치지 않을 수 없었고, 또 이들의 아성에 도전하는 새로운 커피전문점들도 상당히 많이 생겨났습니다.

커피는, 알면 알아갈수록 더욱 더 모를 마력을 지녔습니다. 저는 이

런저런 커피를 아무런 생각 없이 무조건 마시다가, 꽤 오랜 시간이 지난 후에 제가 좋아하는 커피맛이 무엇인지 알아낼 수 있었습니다. 아마 다양한 커피를 쉽게 접할 수 있는 시애틀에서 산다는 것의 특권 같은 게 아닌가 하는 생각도 해봅니다.

커피를 집에서 끓여낼 때나, 혹은 전문점에서 주문할 때 가장 중요한 요소는 '내가 마시고 싶은 맛'을 정확히 아는 것이 아닐까 싶습니다. 진하고 풍부한 맛의 커피인지, 아니면 향이 강하면서도 부드러운 커피인지, 향도 맛도 부드러운 커피인지…… 자기 스스로가 이것에 대해 알아야 하는 것이지요. 저는 처음엔 강한 수마트라산 커피를 즐겨하다가, 다음에는 하와이산 코나…… 결국에는 콜럼비아 수프레모로 돌아오게 되더군요. 부드러운 커피지요.

그 다음엔 '내가 마시고 싶은 커피의 스타일'을 결정하는 겁니다. 콜럼비아 수프레모 같은 경우는, 끓는 물을 드립해 만든 레귤러 커피를 만들어 마셔야만 제 맛이 납니다. 만일 거의 탄 것처럼 다크 로스트한 '프렌치 로스트' 같은 콩으로 커피를 만들면, 레귤러 스타일로는 제 맛이 나지 않습니다. 이럴 때는 에스프레소 기계로 뽑아 마시는 게 최고인데, 제가 집에 에스프레소 머신을 갖고 있는 것도 아니고…… 그럴 때는 프레스를 씁니다. 유리로 만들어진 커피 프레스에는 금속테가 둘려져 있으며, 스프링으로 원판을 둘러싸고 누를 수 있는 자루가 달린 프레스기가 뚜껑에 달려 있습니다.

커피를 거칠게 갈아 바닥에 깔고 뜨거운 물을 붓습니다. 이렇게 한 후 필터가 달려 있는 자루를 펌프질하듯 살살 아래로 눌러 놓고 5~7

분 정도 기다렸다가 커피가 다 됐다 싶을 무렵에 꼭 눌러 줍니다. 이렇게 마시는 커피는 거의 에스프레소와 흡사할 정도로 진하죠.

수마트라 커피를 마실 때, 혹은 프렌치 로스트된 콩을 살 때면 늘 이 방법으로 커피를 마셨습니다. 아내는 이런 커피를 정말 싫어했지요.

"커피에서 왜 담배 찌든 냄새가 나요?"

이건 선호하는 스타일의 차이인데, 결국은 아내가 이겼습니다. 전 콜롬비아 수프레모로 다시 돌아와 레귤러 커피를 마셔야 했고, 지금은 다시 이에 익숙해져 있습니다. 그러나 자메이카산의 '블루 마운틴'의 경우에서 보듯, 제대로 만들어 낸 마일드한 중남미산 커피는 기분 좋은 안락감과 평화로움을 가져다 줍니다. 특히 일요일 아침 같은 때, 느지막한 아침을 먹기 전 간단히 오토 드립으로 내린 콜롬비아 커피 한 잔으로 아침을 여는 것은, 그 안락감을 사랑하는 사람에겐 큰 특권과도 같이 느껴집니다.

비록 그 과정이 조금 복잡하게도 느껴지지만, '내가 마시고 싶은 맛'을 알고 마시게 된 커피 한 잔은, 그 맛을 내기 위해 소요된 시간과 노력을 충분히 상쇄할 만한 활력과 기쁨을 전해줍니다.

어느 추운 섣달 그믐, 월요일 새벽에 일을 나갔습니다. 분명 잠도 충분히 잔 것 같고, 과음도 하지 않았는데, 피곤한 몸을 주체하기 힘들더군요.

'왜 그럴까······ 왜 그럴까······.'

문득 커피를 마시지 않았다는 사실을 깨달았습니다. 우체국에서 제 배달 구역의 우편물들을 챙겨 차량에 실은 후, 바로 근처에 있는 스타벅스로 향했습니다. 현금이 마침 똑 떨어진 차에, 스타벅스 카드는 두 장이나 지갑 안에서 썩고 있었습니다. 손님들에게 스타벅스 카드를 선물로 받았지만, 늘 피츠Peet's의 커피를 마셔온 터라, 제가 그 카드를 가지고 있다는 것조차 잊어버릴 정도였지요.

뜨거운 커피에 설탕을 조금 넣었습니다. 그리고 첫 배달이 있는 아파트 앞에 차를 세워놓고 천천히 그 뜨거운 커피를 몇 모금 마셨습니다. 씁쓰레한 알싸함 뒤에 이어지는 따뜻함과 달콤함. 온기가 온몸에 퍼지면서, 피곤함이 가시고 세상이 조금 다르게 보이는 듯합니다.

전 제 자신이 다시 완전히 충전됐음을 느꼈습니다. 조금 타이트할 것으로 생각됐던 하루가 오히려 여유롭게 느껴지기까지 하더군요.

'여유'라는 건 단순히 시간이 많고 적음의 문제가 아니라, 전적으로 마음에 달린 문제라는 것을 그날 확실히 느꼈던 것 같습니다.

세상 그 무엇이 그 짧은 시간에 이런 마법을 부릴 수 있을까요?

어쩌면 커피에서만 '내가 마시고 싶은 맛'이 중요한 게 아닐지도 모르겠습니다. 인생 역시, 이를 제대로 음미하기 위해서는 '내가 원하는 인생의 맛'에 대해 진지하게 고민하고 탐색해 봐야 하는 게 아닐까 싶습니다. 그래야 인생이 선사하는 여유와 활력을 제대로 느낄 수 있으리라 생각됩니다.

이렇게 말은 해도, 저는 커피 전문가는 아닙니다. 전문가들은 꽤 까다로운 방법으로 커피를 마시기도 하는 것 같더군요. 저는 그런 식으로 격식을 갖춰 마시는 커피는 오히려 여유가 깨질 것 같아 권하고 싶진 않지만, 그래도 전문가들이 전해 주는 '맛있는 커피를 만드는 법'은 아래와 같습니다.

첫째, 가장 중요한 것은 물의 비율이지요. 두 테이블스푼의 커피에 6온스(170그램 정도가 되겠죠?), 이게 적당한 비율이라는군요. 물이 너무 많으면 커피가 과추출돼 쓴맛이 강해지고, 커피가 너무 진하게 우려졌을 경우라면 뜨거운 물만 부어 주면 된답니다. 여기서 한 가지 중요한 것은, 커피를 우려낼 때 시간이 오래 걸리는 경우라면 굵고 거칠게 커피를 갈아 넣고, 몇 초만에 순간적으로 커피의 진수를 뽑아내야 하는 에스프레소의 경우는 아주 잘게 간 커피가 필요하다는군요.

두 번째는 물의 신선도를 따져봐야 한답니다. 신선한 물일수록 커피의 향이 살아나기 때문이라는군요. 그래서 미국에서는 커피 마실 물을 정수기에 거르거나, 아예 처음부터 생수로 커피를 우려내는 것도 많이 봅니다. 시애틀이나 포틀랜드 같은 서북미 지역은 물이 강하지 않지만, 캘리포니아만 해도 수돗물이 거의 경수에 가깝기 때문에 물을 정수하지 않으면 커피의 제 맛이 나지 않는다고 합니다.

그리고 주전자를 사용해 물을 끓여 커피를 우려내는 '프레스 방식'이라면, 물이 끓자마자 붓지 말고 약간 식힌 후에 사용해야 합니다. 커피의 향은 휘발성이기 때문이지요. 그래서 너무 뜨거운 물은 향을 날려버릴 수 있기 때문에 반드시 물을 조금 식히랍니다.

세 번째는 커피의 보관상태입니다. 공기가 통하지 않는 밀폐용기에 담아 둘 경우, 커피는 2주일 정도까지 향이 보존된다는군요. 2주일 이상 커피를 보관해야 할 경우라면, 꽁꽁 싸서 냉동실에 넣어 두면 보관이 가능하답니다. 물론 맛있는 커피라면, 마실 때마다 커피 콩을 갈아 쓰는 게 좋겠지요? 커피를 미리 갈아 두면 산소와 커피와의 접촉면이 넓어져 금세 산화되어 버린답니다.

그리고 커피는 만들자마자 바로 마셔야 한다는군요. 미국에서는 자동차를 많이 타고 다니니까, 숭늉처럼 커피를 우려내 커다란 머그에 담아 두고 하루종일 마시는 경우가 많답니다. 하지만, 제대로 커피를 즐기려면 이런 방법은 안 되지요. 뜨거운 증기로 우려낸 에스프레소를 홀짝 마시는 것이 유럽식인데, 대부분의 미국인들은 실용성을 따져서 그러는지 어쨌는지는 모르지만, 엄청 큰 컵에 커피를 가득 담아 온종일 조금씩 조금씩 마십니다. 별로 따라할 게 못 되죠.

인스턴트 커피도 배율 잘 맞춰서 타 마시면 좋지만, 시애틀에서 알게 된 커피의 맛에 따르면…… 역시, 우려 마셔야 제 맛인 듯합니다.

우리나라에서는 인스턴트 커피가 아직 대세겠지요. 인스턴트 커피는 원두커피의 그 강한 쓰고 신맛이 나지 않습니다. 대신 깊은 맛이 부족하지요.

처음 미국 와서 그런 농담을 들었습니다. 이른바 '불체커피'에 관한 것이었습니다. 여기서 '불체'란 '불법체류자'의 준말입니다.

"미국 시민권자들은 우아하게 블랙 커피를 얇게 마신다. 그러나 불법체류자들은 자기 나라에서 마시던 대로 커피, 설탕, 프림을 다 타서 마신다."

이런 식의 농담은 서류미비 이민자들에 대한 단속이 급격하게 강화된 1990년대 후반 이후 바뀝니다.

"미국 시민권자들은 커피에 우유 타고 설탕 타고 오랫동안 마시는데, 불법체류자들은 블랙커피만 마신다. 누가 와서 언제 잡아갈지 모르기 때문에 설탕 타고 크림 타고 오래 앉아 마실 시간적 여유가 없다."

이 농담을 들으며, 저는 미국의 중산층이 상대적 박탈감으로 인해 이민자들을 경원시하기 시작하는 시대를 읽을 수 있었습니다.

그러나, 시애틀에서의 커피는 분명 그 느낌이 다릅니다. 커피를 안 다는 멋쟁이들이 자기들이 분명히 선호하는 타입의 커피를 찾아서, 날씨에 상관없이 늘 한 손엔 커피잔을 들고 옆구리에 책을 끼고 걸어 다닙니다. 이러한 모습은 이미 커피가 자기들의 아이덴티티가 된 이곳의 특이한 일상을 보여줍니다. 그들에게도, 저에게도, 커피는 휴식이며 낭만입니다.

내 삶의
보물

"야, 너 똑바로 얘기해. 앤지가 좋아, 아니면 엄마가 좋아?"

아내가 작은놈을 다그치는 소리가 들립니다. 하이고…… 무슨 애도 아니고, 아내는 정색을 한 채 아이에게 느끼고 있는 '배신감'을 그대로 토로합니다. 어…… 앤지 이야기구만.

씰룩여지는 입을 어쩔 수가 없습니다. 저는 이 상황을 즐겁게 여기는데, 아내는 아이에게 큰 배신감을 느끼는 것 같습니다.

사건의 발단인즉슨, 둘째 아들 지원이에게 '앤지'라는 단짝 중국 소녀가 있는데, 그녀의 엄마에게 놀러가도 되냐고 조르던 지원이가 드디어 허락을 받아낸 겁니다. 지원이와 앤지는 항상 붙어다니는 '실과 바늘' 같은 단짝인데, 둘 다 반에서 1~2등을 다툴 만큼 공부도 잘합니다. 특히 지원이가 마구 까부는 성격인 데 비해 차분한 앤지는 늘 지원이를 한 박자 쉬도록 만들어주는 자상함도 지녔다고 들었습니다 (지원이 담임 선생님한테서 들은 이야깁니다). 아무튼, 둘은 학교에서도

'떼어 놓을 수 없는' 단짝이라는 것이 주위사람들의 중평입니다.

아무튼, 앤지네 집 주소와 전화번호를 받아 온 지원이는 며칠 전부터 앤지네 집에서 하루종일 놀고 싶다고 떼를 써왔죠. 그런데 오늘 앤지네 집에 느닷없이 전화를 하겠다는 겁니다.

"앤지도 지금 저녁 먹을 시간이니까, 네가 전화를 하면 실례가 되는 거야."

아빠의 자상한 설명에도 입이 비쭉비쭉…… 이런 상황을 보면서 기막혀하던 아내가 드디어 승부수를 던진 겁니다.

"앤지가 좋아? 엄마가 좋아?"

그랬더니 한참 도리질을 치며 생각하던 애가 "앤지……"라는 대답을 한 것이죠. 그 때문에 화가 난 아내가 아이를 다그치는데…… 정말 자기를 배신한 연인에게 왜 자기를 버려야만 했냐고 따지는, TV 드라마의 한 장면을 보는 것 같아 볼 만했습니다.

결국 아내는 그녀의 속 안에 숨어 있던 '유치함'의 카드를 꺼내들었습니다.

"앤지가 그렇게 좋으면, 지금 당장 앤지네 가서 살아!"

어린아이 비슷한 최후통첩(?)이 있은 후, 안방에서 살짝 아빠의 코치를 받은 작은아이가 "앤지는 친구니까 좋고, 엄마는 엄마니까 좋다"라는 대답을 했습니다. 이후 휴전.

아이의 엄마가 자신의 권좌 - 가장 사랑받는 여인의 자리 - 를 다른 여인네, 그것도 새파랗게 어린 것(?)에게 넘겨주면서 겪는 심상치 않은 갈등에 대해 이야기를 들은 적이 있습니다. 이런 것들은 아이들이 있는 집이라면, 그 애들이 자라면서 모든 엄마 아빠들이 겪는 평범한 일상의 모습이겠죠. 이 평범한 모습들은 사실 특별한 즐거움일 것입니다.

지호가 태어나기 전, 저는 신문사의 기자로서 늘 특종을 꿈꾸며 살았고, 실제로 몇 건의 특종을 쓴 적도 있습니다. 제가 쓴 기사가 본사의 톱기사로 나오는 것을 보면서, 전 '비범한 기자'를 꿈꾸고 살았습니다. 그 시절엔 참 많이도 '비범'을 꿈꿨고, 그 이뤄지지 않는 신기루 같은 '비범'의 꿈으로 인해 좌절도 많이 겪었죠.

그러나 비범한 사람들에게는 공통점이 있습니다. 그들에겐 가정이 그렇게 중요하지 않은 것 같습니다. 수많은 비범했던 사람들은 가정이 없었거나, 가정이 있었어도 그것을 등한시하고 대신 세계를 생각하는 사람들이었습니다.

제가 정말 '평범해지기로 했던 날'은 아마 첫아들 지호가 태어나던 날이었던 것 같습니다. 저는 아내의 옆에 서서 그녀의 다리를 붙잡고 있었습니다. 미국의 산부인과들에선 남편에게 이 과정을 모두 지켜보도록 하죠. 아내의 통증, 그리고 아이가 이 세상에 드디어 찾아왔을 때, 의사는 제게 가위를 주며 탯줄을 자르라고 했지만 저는 차마 그걸 자르지 못했습니다. 그리고 어머니께 전화를 드렸습니다. 원래는 "엄마, 아들이에요!"라고 말하려 했지만, 신호음이 들리는 그 순간 그동안 어머니께 못할 짓들 한 것만 파노라마처럼 스치고 지나갔습니다. 부모님 속을 썩인 못된 아들이라고, 스스로 자책하지 않을 수 없었습

니다. 어머니께서 전화를 받으셨습니다. 그때 제 입에서 나온 말은 이랬습니다.

"엄마…… 잘못했어요."

어머니는 순간 아무 말도 안 하고 전화기를 들고만 계셨습니다. 한참 후에 어머니는 이렇게 말씀하셨습니다.

"네가 뭘 잘못했다고 그러니. 넌 내게 참 기르는 재미를 많이 준 아들이었어……."

그러고 우시더군요. 저도 전화기를 붙잡고 계속 눈물을 흘려야 했습니다. 새 생명이 찾아온 순간은 대오 각성의 순간이었습니다. 저는 그렇게 '가족'을 받아들이고, 그들을 위해 살기로 작정했으며, 그렇게 '비범함의 꿈'을 버렸습니다.

그저 평범한 사람으로 사는 것이 좋아져 버리고 말았습니다. 남들처럼 결혼했으니, 남들처럼 아이도 낳았고…… 그리고 남들처럼 행복하고, 그냥 거기 좋아라 하고 살고 있습니다.

그러나 지금 제가 느끼고 있는 이 가족간의 사랑은, 모든 평범함의 근원임과 동시에, 위대함의 모태가 되는 것 같습니다. 세상을 향하던 눈이 내 가정 안으로 들어와 버렸지만, 그로 인해 내게 주어진 삶을 열심히 살아갈 힘을 새록새록 얻기 때문입니다. 화수분처럼 퍼도 퍼도 마르지 않는 보물의 샘, 바로 그것이 '가족'인 것 같습니다.

정원일의
기쁨

 아마 미국에서 집을 소유한다는 것은, 내가 아주 큰 부자가 아닌 이상엔 내 스스로 '정원일'이라는 것을 해야 할 운명이 되는 것이라고 봐도 크게 틀리지 않을 겁니다. 사람 손이 비싸기에, 손에 익지 않은 정원일을 해야 한다는 것은 어찌 보면 잔손이 많이 가며 귀찮기도 한 일입니다.
 미국에서 제일 보기 힘든 직업 중 하나가 뭘까요? '목수'입니다. 우리나라 같으면 목수들이 많아서 웬만한 목공일은 저렴한 가격에 척척 해주지만, 이곳에서는 제가 직접 '주말 목수'가 되어야 합니다. 저는 솔직히 망치질도 서툰 터라, 뭐라도 고치려면 바로 옆집으로 뛰어가 도움을 청하기 일쑤고, 그때마다 제 이웃 루디 아저씨는 말 그대로 '한 치의 망설임도 없이' 바로 뛰어와 주십니다. 어깨너머로 조금씩 그런 일들을 배우게 됐고, 지금은 서툴지만 제 나름대로 집안일을 어떻게든 해나가고 있습니다.

그래서 미국엔 '홈 디포'나 '로우스' 같은 목공과 정원일 용품 전문 수퍼마켓들이 따로 있습니다. 여기서 비료도 사다가 줘야 하고, 꽃나무를 사다가 심기도 하고, 잔디 깎는 기계나 스프링클러 등을 사서 집 앞마당을 예쁘게 해줘야 합니다. 때로는 이런 일들이 이웃끼리 경쟁이 되기도 해서, 우리 이웃 중 누가 정원을 조금 예쁘게 가꿔 놓으면 마치 경쟁이라도 하듯 우리도 뭔가 해줘야 한다는 압박을 받기도 합니다.

처음엔 의무처럼 하던 이 정원일에 조금씩 애착을 느끼기 시작한 건, 정원이라는 것이 집주인의 개성을 드러내는 하나의 또다른 '표현'임을 깨닫게 되고 나서부터입니다.

정원일을 하다 보면 여러 가지 느낌을 받습니다. 잘라낸 조그만 나뭇가지들에서 피어나는 향기, 뽑아낸 풀이 전하는 내음이나, 혹은 봉우리를 맺기 시작하는 꽃들의 향기. 이런 것들이 어우러지면, 제가 자연에 좀 더 가까이 간다는 느낌을 받습니다.

여름날 일요일 아침이면, 잔디 깎는 기계 돌아가는 소리가 사방에서 들립니다. 수많은 아마추어 정원사들이 자기의 성이라고 할 수 있는 자기 집에 개성을 부여하는 소리라고 생각하면 됩니다. 저도 여기서 벗어나지 못하지만, 저같은 경우는 성당에 가야 하기 때문에 아침보다는 오후에 정원일을 하는 경우가 많습니다. 주중에 쉬는 날이 있을 때에도, 정원일은 제 손길을 기다리고 있습니다.

우리집 앞마당에 깔려 있는 잔디가 나름의 푸르름을 유지하기 위해

선 적절하게 물도 줘야 하고, 적어도 일주일에 한 번은 이발도 해줘야 합니다. 뒷마당의 포도는 늘 물을 줘야 하고, 화초들도 당연히 돌보아 줘야 합니다. 꼭 가족을 챙기는 것처럼 말이죠. 우리집의 한 식구로 자라고 있는 풀과 나무들도 애정을 갖고 돌보지 않으면 금방 '사랑을 받지 못한 티'를 내고 맙니다. 그런데 아무래도 피붙이가 아니어서 그런지, 이 화초와 수목들에게 애정을 주는 법을 배우기까지는 시간이 참 많이 걸립니다.

사랑은 눈으로부터 온다고 했던가요? 정원의 생물들에게 온전한 사랑을 쏟기 위해선 우선 그들을 '바라보아야' 합니다. 이웃 루디 아저씨가 정원을 돌보는 것을 항상 보면서, 조금씩 저도 '그들을 바라보는 눈'을 배우기 시작할 수 있었습니다.

일단 그 '눈'을 가지게 되면, 정원은 시간의 이야기를 해줍니다. 모든 것이 죽어 있는 듯한 겨울을 지나, 파릇파릇 화단에 새싹이 돋기 시작하고, 날이 점점 따뜻해지면서 꽃들은 계속해 자리바꿈을 합니다. 봄에 가장 먼저 피어나는 것, 저희 집 마당에서는 튤립입니다. 튤립이 봄 인사를 남기고 떠난 자리에 철쭉과 글라디올러스가 피어올랐다가 사그러지죠. 그 후 장미가 봉오리를 올리기 시작합니다. 그때쯤 포도는 첫 잎을 틔워냈다가 금방 확 피어난 잎사귀를 보여줍니다. 앞마당 한 구석의 딸기가 꽃을 피워낼 때, 장미는 자기의 화사함을 뽐내듯 하다가 그 절정에서 갑자기 시위어갑니다. 그 옆에선 국화꽃이 어느새 자태를 드러내고 있습니다.

국화가 가장 흐드러질 때, 나도 모르는 사이에 벌써 한 해가 또 가

고 있다는 것을 알게 됩니다. 그렇게 정원은 제게 '시간'을 보여줍니다. 내가 눈길을 준 만큼 더 많이 이야기하는 것이죠. 바라보지 않았다면 내가 느낄 수 없는 세밀한 시간들을 그들을 통해서 느끼게 됩니다. 한 해를 돌아보고, 또 한 해를 어떻게 살아왔는지 되새겨보게 됩니다. 정말 내 주위에 내가 충분한 사랑을 주면서 살았는지를.

정원일의 백미. 그건 예상외로 '뒷정리'에 있었습니다. 한때는 귀찮게만 느껴졌던 그 뒷정리야말로 내가 이들과 함께 교감을 나누었다는 것의 신호이며, 오늘의 남은 시간들을 보다 충실하게 살았다는 자기 확인이 되더군요. 밀짚모자 대신 우체국에서 지급되는 정글모를 쓰고선, '정원일의 기쁨'을 노래하는 헤세라도 된 것처럼 전정가위를 들고 마지막 뒷정리들을 합니다.

차고 앞에 작은 송풍기를 돌려 한데 모은 잎사귀들과 남은 잔가지들을 치우고 나면 평화로움이 느껴집니다. 제 자신을 정화시켜 주는 듯한 기분. 내 몸을 움직여, 나를 둘러싸고 있는 것들을 건강하게 해 주는 일이기에 그런 느낌이 드는 것 같습니다.

그렇게 생각해 보면, 사람들과 만나 정을 나누는 제 일도 정원일과 크게 틀리지 않습니다. 내가 눈길 준 만큼 가까워질 수 있고, 나눌 수 있으니까요. 내가 만나는 이들의 향기를 느끼려면, 나도 그들에게 눈길을 더욱 많이 주고, 애정으로 다가가야 합니다. 그래야 내 삶의 정원이 풍성해질 테니까요.

세상 모든 것에 감사하기

환갑을 넘긴 지 얼마 안 되는 댄은, 깊게 들어간 눈에 얇은 테의 안경을 낀 평범한 백인입니다. 그러나 안경 너머로 보이는 푸른빛의 눈동자는, 얼핏 보기에도 그가 지적이고 사려깊은 사람이라고 느끼게 만듭니다.

제가 살고 있는 동네에서 '와인 배스킷'이라는 전문점을 운영했던 그를 개인적으로 알게 된 이유는 간단했습니다. 와인 액세서리며, 선물용으로 필요한 와인들을 사러 가느라 몇 번 들락날락했더니 제 이름을 물어보더군요. 그러더니 바로 그 다음에 갔을 때, 제 이름을 부르더군요.

"하이, 조셉."

"기억력 좋군요."

"자네가 우리집의 유일한 아시안 손님인데, 어떻게 잊겠나?"

그의 그다지 크지 않은 가게 안엔, 언뜻 느끼기에도 참 구하기 힘든

와인들이 진열돼 있었습니다.

어느 날이었습니다. 그 다음 날이 친구 생일이라, 선물을 사러 들렀습니다. 와인 배스킷은 일찍 문을 닫는 편이어서 헐레벌떡 달려 들어갔죠. 안엔 댄 혼자 있었는데, 그는 큰 리델 잔에 담긴 와인을 홀짝거리고 있었습니다. 선물을 사고 나서 집으로 돌아가려는데, 그가 절 불렀습니다. 그러고는 제게 와인 한 잔을 건네줬습니다. 아마 그가 마시고 있었던 와인인 모양입니다.

"조셉, 마셔 보게. 느낌이 어떤가?"

그 와인은 확실히 '뭔가'가 틀렸습니다. 장중한 느낌. 흔히 말하는 유럽의 클래식 와인을 대하는 느낌이었고, 분명히 카버네 소비뇽이라는 건 알겠는데, 그러면서도 섬세한 느낌 때문에 피노 느와 종이 아닌가 하는 생각마저도 들었습니다. 저는 그 와인을 천천히 음미하려 애썼습니다. 안 그랬다면 홀짝 털어버리고 입에서 우물거리기라도 했을 텐데, 제 모습을 매우 진지하게 바라보는 댄을 앞에 두고 그러기가 좀 민망했습니다.

어쨌든, 알고 있는 영어 단어들을 간신히 추려내 그 느낌을 표현하려 애썼습니다.

"고상하고, 깔끔하고, 감미롭고, 화려하고, 광대하고……."

"또?"

"이거, 미국 와인 같지 않아요. 느낌이 유럽 와인 같은데……."

풋, 아저씨가 웃음을 흘렸습니다.

"미국 와인이야. 느낌이 유럽 와인 같다는 말, 그거 어울리는 표현

같군."

 그날 저는 운이 좋았습니다. 가게를 일찍 닫는 게 정상이었던 이 아저씨가, 그날따라 배달되는 물건을 기다리느라 가게 문을 늦게까지 열어두고 있었던 겁니다. 그러다가 제가 가게에 들어서게 됐고, 제게 와인 한 잔을 나눠준 거죠.

 이윽고, 댄은 와인병을 보여줬습니다. 1979년산 부에나 비스타. 박정희 전 대통령이 김재규의 총탄에 유명을 달리하고 유신 체제가 붕괴되던 그 해에 수확된 포도로 만들어진 와인이었습니다. 그는 이 와인을 살 때, 앞으로 이 와인이 숙성되면 기가 막힐 거란 예감이 들어 무려 열 케이스나 사 놓았었다고 합니다.

 "이 가게 연 지 얼마나 됐는데요? 꽤 오래됐나 보죠?"

 제 질문에 그는 손사래를 치며 말했습니다.

 "올해 4년째라네."

 "그런데 80년대 초에 그렇게 많이 와인을 사 놨어요?"

 아저씨의 입가에 다시 웃음이 번졌습니다.

 제 빈 잔에 다시 와인을 채워 준(아, 감사해라. 얼마나 기다렸었는지 몰라요. 혹시 한 잔 더 줄까 봐.) 아저씨는 자기도 빈 잔을 채우더니, 가게 한 구석에서 치즈와 크래커를 가지고 와선 아예 탁자 위에 올려놓고 그 옆의 의자에 앉으라고 했습니다.

 "물건 오긴 글렀군. 너무 늦었어."

 가게 문까지 아예 걸어버린 아저씨는, 자기가 이 숍을 시작하게 된 동기를 차근차근 이야기해 주기 시작했습니다.

시애틀 토박이고 보잉사 엔지니어로, 또 주식 투자로 꽤 부를 축적했던 댄은 아버지로부터 와인을 배웠고, 보잉사의 직원으로서 유럽 각지를 돌아다니며 와인의 맛을 터득했다고 합니다. 보잉사엔 자기가 와인을 만들어 마시는 사람들의 클럽이 있었는데 자기도 그 클럽의 회원이 됐고, 와이너리를 구입해 포도주 생산자로서의 길을 간 다른 친구 몇몇처럼 자기도 그렇게 와이너리를 구입할 계획을 세웠었다고 합니다. 90년대 중반, 이른바 닷컴 열풍이 몰아치며 주식값이 뛰었고, 아저씨는 워싱턴주 동부에 와이너리를 계약까지 했지만, 갑자기 거품 경제가 빠져버리며 그 꿈은 물거품이 됐다고 합니다.

그때부터 그의 인생은 바뀌었습니다. 주식값이 완전히 바닥을 치기 전에 어느 정도 되팔아 완전히 망하지는 않았지만, 와이너리 주인의 꿈을 버리지 못하고 회사를 그만두는 바람에 한동안은 아주 고생이 많았다고 했습니다.

그는 자신이 소장하고 있던 와인들을 마시며 실업과 손해의 아픔을 달래다가, 마음을 다잡기 위해 유럽으로 여행을 떠났습니다. 거기서 영감을 얻어 잘 알려지지 않은 고급의 구세계 와인을 시애틀 지역에 소개해 봐야겠다는 생각을 하게 됐죠. 그리고 여기에 자신이 오랫동안 모아 왔던 와인들도 함께 판매하기 시작했습니다. 그게 지금의 와인 배스킷이 된 것입니다.

댄은 그 후, 자신이 갖고 있는 와인 지식을 남들에게도 알려주고 싶다는 생각이 들어 와인 클래스를 시작했습니다. 이게 입소문을 꽤 타서, 지금도 주말엔 동네 사람들로 북적댑니다.

그는 아직도 와이너리의 꿈을 버리지 않았다고 말했습니다. 환갑이 넘은 나이에도 옹골차게 목표를 향하는 댄의 모습. 저는 거기서 '와인'이라는 부분뿐 아니라, '인생'이란 큰 무대에서 저를 지도하고 가르쳐 주는 무대감독, 그리고 큰 그림자를 지닌 인생 선배로서의 모습을 봤습니다.

그 댄이 요 근래엔 스페인에서 지내고 있습니다. 이태리 지역을 돌아다니다가 우연히 만나게 된 어떤 스페인 와인이 그를 뜨거운 남유럽 지역으로 부른 것이지요. 스페인 와인에 관심이 깊어진 그는 이런저런 구상을 하며 지낸다고 했습니다. 덕분에 그의 와인 가게는 친구인 팻이 운영하고 있지요.

그가 스페인으로 떠난 지 두 해가 지난 후, 잠시 시애틀에 돌아와 있던 그를 우연히 만났고, 무척이나 반가웠습니다.

"조셉, 좋아하는 와인 리스트가 좀 늘었나?"

"요즘은 버나드 그리핀과 아버 크레스트에 빠져 있지요."

"좋지…… 버나드 그리핀."

이렇게 시작된 우리의 이야기는 그가 구석에서 들고 온 와인 한 병을 여는 것으로 시작됐습니다.

"자네는 와인을 감정appreciate할 때 무엇을 생각하는가?"

댄이 제게 이렇게 물어봤을 때, 저는 이렇게 대답했습니다.

"맛, 향기, 그리고 직관을 따르지요."

그는 잠시 미소를 지었습니다.

"아니, 음미한다는 게 아니라, 와인 자체에 감사thank하는 것 말

일세."

"네?"

영어의 appreciate에는 '감정하다'라는 평가의 뜻도 있지만, 어떤 것에 '감사하다'라는 뜻도 있습니다. 댄은 이 점을 지적했습니다.

"이번에 유럽을 다녀보면서 느낀 걸세. 와인은 감정하고 평가하는 대상이 되기보다는, 그 자체에 감사해야 한다는 걸 많이 느꼈지. 생각해 보게. 얼마나 많은 사람들이 와인을 만들기 위해 수고하는지를. 나는 와인 소매업을 했기 때문에 와인을 판매의 대상으로, 또 단지 즐거움의 대상으로 느꼈지만, 와인을 마시면 마실수록 그리고 좋은 와인을 발견할수록, 그것이 단지 애호의 대상이 아니라 그 와인을 만들어 준 많은 것들에 감사해야 한다는 것을 느끼게 되지. 우리가 '와인 감정'이라고 말하지만, 그것은 사실 내가 마시고 있는 이 와인 자체에 감사해야 한다는 뜻도 되지. 이 와인을 만들기 위해선 (그러면서 그는 와인 잔을 높이 들어올렸습니다), 농부들이 땀 흘려 수고해야 해. 미국에서는 멕시칸 이민자들이 포도를 기르는 일을 도맡아 하고 있지. 그리고 포도를 정성 들여 가꾸고…… 자연에도 감사해야 하지. 좋은 포도야말로 와인의 핵심이지만, 역시 자연의 선물이라 할 수 있지. 그 자연 자체에도 감사하고…… 어떻게 보면 와인이 태어나는 과정에서 와인메이커나 유통업자의 역할은 가장 작은 것이라고 할 수 있지."

그렇게 말하는 댄은 진짜 철학자가 되어 버린 것처럼 보였습니다.

댄의 말대로 와인이 감정의 대상이 아니라 감사의 대상이라면, 어쩌면 '와인 감별'이라는 건 별 의미가 없을지도 모르겠습니다. 우리에게 남은 건 오직 감사하고 또 감사하는 자세일 뿐이겠죠.

"자, 이제 우리도 와인에 감사하자고."

풋, 괜시리 웃게 됩니다. 댄과 저, 그리고 뒤늦게 합류한 와인 배스킷의 새 주인 팻은 와인 한 병을 기분좋게 비우고, 이런저런 이야기 속에 웃음을 한참 날렸습니다.

댄은 마치 농부가 되어 있는 것처럼 보였습니다. 그의 깊은 마음으로 인해, 그는 아마 더욱 감사할 수 있는 와인을 이미 몇 종류쯤 찾아냈을지도 모르지요.

와인뿐일까요. 세상의 어떤 음식이든 인간의 수고가 합쳐지지 않은 것이 없을 겁니다. 감사하지 않을 것이 없는 거지요. 음식만 그럴까요? 내가 타는 버스, 내가 사는 집…… 댄의 말대로 세상의 모든 와인에 감사하듯, 내게 주어진 모든 것에 감사하고 음미하는 태도가 필요할 것 같습니다.

가끔 내 삶에 대해서 생각해 봅니다. 이 수많은 것들을 받은 것에 대해 감사합니다. 내 가족이 있다는 것, 그리고 내가 이렇게 열심히 일할 수 있는 직업이 있다는 것, 그리고 그 직업을 통해 수많은 사람들과 아름다운 것들을 나누며 살고 있다는 것…….

댄의 깊고 사려깊은 눈을 통해 보게 된 세상에서, 제가 마시는 와인뿐 아니라 한 잔의 와인 안에 담아낼 수 있는 제 삶에 대해서 다시금 감사하곤 합니다.

와인으로 바뀐 세상

　창밖에서 전해져 오는 빗소리가 무척이나 반갑습니다. 꽤 오랜만에 이런 후두둑거리는 빗소리를 듣습니다. 뒷마당으로 나가 보니, 비 내음이랄까요. 마른 땅을 적시는 비가 특유의 향기를 만들어 내고 있습니다. 좌아악 소리를 내며 달리는 자동차 소리조차 즐겁게 들립니다.

　아마 다시 찾아오겠지만, 시애틀의 '뜨거웠던 여름'이 한풀 꺾이는 소리처럼 들립니다. 지구 온난화 탓인지, 시애틀답지 않은 더위가 계속됐었습니다. 한참 더울 때, 저는 거의 탈진상태가 되곤 했습니다. 땅으로부터 훅훅 끼치는 열기는 온 몸을 땀으로 적셔 놓았고, 머리를 달구려는 듯 작렬하는 태양은 그러잖아도 까무잡잡한 편인 저를 더욱 태워 놓았습니다.

　그래도, 내 집은 나의 충전소인 셈입니다. 두 팔을 벌리고 뛰어와 반기며 아빠를 맞는 두 아들 지호와 지원이, 그리고 웃음짓는 아내를 보면서 저는 하루의 피로가 가시는 것을 느낍니다.

　이렇게 더운 날엔 시원한 곳에 놓아 두었던 화이트 와인이 잘 어울립니다. 어느 살인적으로 더웠던 날, 축 늘어져 집에 들어갔습니다. 아내가 준비한 메뉴는 시원한 비빔국수. 집에서 담근 김치가 적당히 익었고, 그걸 듬뿍 넣은 국수는 한여름의 별미 바로 그것이었죠. 여기에 어떤 와인을 맞출까 하다가 호주산 샤도네와 소비뇽 블랑 각각 한 병을 골라 보았습니다.

　더운 여름날, 이렇게 와인 한 잔으로 입가심하고 재충전할 수 있다는 사실에

감사할 뿐입니다. 힘겨운 노동이지만, 그로 인해 이런 풍부한 시간을 보낼 수 있다는 사실에도 감사하게 됩니다. 천천히 와인 향기를 맡으면서 입에 한 모금을 담고 여유롭게 맛을 보는 것은, 사람의 삶을 매우 느린 것으로 바꾸어 놓습니다. 온종일 시간에 쫓기며 '빠른 삶'을 살아야 했던 시간들에 대한 보상이랄까. 이런 느릿느릿한 여유를 가지는 것은 마치 피에르 쌍소의 수필 한 구절에 묘사된 '천천히 사는 삶'의 모습을 그대로 갖는 듯한 기분도 듭니다.

제가 처음부터 와인을 좋아했던 건 아닙니다. '대한의 건아(?)'답게 필름 끊길 정도의 취함이 술 마시는 것의 기본으로 알았던 시절도 있었습니다. 아직 와인에 대해 잘 몰랐을 때였습니다. 결혼 전이었고, 제 자신의 모습을 몰라 방황할 때, 저는 오로지 술은 취하기 위해 마시는 게 당연하다고 생각했었지요.

지금처럼 와인의 맛을 이해할 수도 없으면서, 저는 주머니에 쏙 들어가는 187밀리리터짜리 아주 작은 와인 두 병을 가지고 마음이 울적할 때마다 '딥 레이크'라는 조용한 호수를 찾은 적이 있었습니다. 아무도 없는, 송림만 울창한 호반. 간혹가다 그 호수의 터줏대감이나 다름없던 거위들의 울음소리만이 정적을 깨던 그곳에서, 제 삶의 의미를 몰라 혼미해하며 그 와인을 종이컵에 따라 마시던 생각이 납니다. 맛도 모르면서 오로지 분위기 때문에 그렇게 와인을 마셨는데, 독주처럼 확실하게 취기가 올라오지 않는 와인에 실망하기도 했던 기억이 납니다.

　남들처럼 폭음을 일삼다가 만나게 된 와인은 제 삶에 있어서 적잖은 변화를 가져왔습니다. 언젠가 취재가 끝나고 술을 떡이 되도록 퍼마시고 들어와서 거울을 바라보니, 인간이 아닌 곰 같은 게 한 마리(?) 서 있었습니다. 취기에 바라본 제 모습이 너무나 끔찍하다고 느껴졌습니다. 아내는 술 취해 들어온 제 꼴을 보는 게 화가 나서 이미 잠자리에 들어 있었고, 저는 과음한 탓에 속이 괴로워서 변기를 부여잡고 웩웩거리고 있었습니다. 그러다가 바라본 제 모습은 도저히 제 자신조차도 받아들이기 어려운 모습이었습니다.

　그래서 스스로에게 '변화'를 가져와야겠다는 자각을 하고, 천천히 마셔야 제 맛을 느낄 수 있다는 와인을 시작하게 된 것이지요. 일단 그런 생각을 하고 술을 천천히 마시게 되니, 여러 가지 변화가 일어나기 시작했습니다. 물론, 변화란 것이 양면의 칼과 같아서 '긍정적 변화' 혹은 '부정적 변화' 같은 수식어가 붙을 수 있겠지만, 그럼에도 불구하고 제 경우에는 긍정적인 변화를 더 가져왔던 것 같습니다.

　구체적으로 어떤 변화가 있었는지 제 나름으로 고찰해 봤는데, 우선 '술버릇'이 분명히 변했습니다.

　술이란 취하기 위해서 마시는 것이라는 생각으로 주도의 모토를 '부어라, 마셔라, 먹고 죽자'로 정해놓고 살아온 제게, 와인은 색다른 시도였습니다. 물론 이 때문에 처음 와인을 마실 때 많은 시행착오를 겪어야만 했습니다. 와인을 맥주 마시듯 퍼마실 때, 향과 맛은 고사하고 머리만 깨지게 아팠습니다. 이런 실수들을 거쳐 향과 맛이라는 개념에 익숙해지면서, 저의 술 마시는 버릇은 서서히 변화를 겪기 시작했습니다.

　와인을 알게 되면서, 술이란 게 꼭 취하기 위해서가 아니라,

내게 주어진 시간을 천천히 즐기기 위해서 마시는 것이라는 깨달음을 갖게 되었습니다. 그러면서 제 삶엔 큰 변화가 일어났죠. 천천히 술을 즐길 때의 나른한 미취의 즐거움을 알게 되고, 폭주와 속주의 버릇은 사라져 버렸습니다.

제 생활에도 변화가 찾아왔습니다. 술버릇의 변화는 단지 거기서 끝나는 것이 아니라, 일상생활까지도 바꾸어 놓습니다. 술 마신 다음 날 속 쓰려서 반드시 해장해야 하는 버릇이 사라지면서, 술을 마시고도 아침에 상쾌한 기분으로 일어날 수 있다는 뿌듯함. 적당한 취기 속에서 푹 숙면을 취했기에 가능한 일입니다. 이런 변화는 일상생활을 활기차게 만들어 놓기 시작했습니다. 또 운동을 심하게 해서 땀을 많이 흘린 날이면 버릇처럼 마시던 맥주 대신 화이트 와인 한두 잔을 마시는 걸로 대신하자, 당장 살이 빠지기 시작했습니다.

담배도 많이 줄었습니다. 기자 생활할 당시 하루 두 갑 가까이 피우던 제가, 지금은 하루 반 갑도 채 안 피웁니다. 친구들과 와인을 주제로 한 술자리라도 있으면, 일부러 담배를 더 줄이려 애씁니다. 이 상태로라면 곧 금연도 가능하지 않을까 싶습니다만, 일부러 담배를 줄이려 애쓰지 않더라도 와인의 향을 더 잘 맡기 위해 담배를 피우고 싶지 않게 되는 것은 와인이 가져다 줄 수 있는 또 하나의 선물이라 하겠습니다.

그러나 와인이 가져다 줄 수 있는 가장 큰 선물은, 역시 생활 속에서의 여유로움이 아닌가 합니다. 이미 밝혔듯, 와인은 급하게 마시는 술이 아닙니다. 천천히 향과 맛을 음미하며 마시는 술입니다. 이때 술친구가 있거나, 음악이 있거나 한다면 더욱 어울리는 술입니다. 또, 잘 어울리는 음식이 있는 술입니다. 와인은 이른바 '반주' 개념의, 음식과 함께 마시는 술이니까요.
잔을 돌리며 색을 관찰하고, 향을 맡아보고, 입 안에서 어떤 맛이 느껴지는지 신경을 집중해보고, 또 마시고 나서 피니시(뒷맛)도 느껴보는 과정이 사람을 차분하게 만들어 줄 수 있는 듯합니다.
와인을 천천히 마시다 보면 어떻게 이 와인이 만들어졌을까가 궁금해지고, 그러다 보면 포도가 자라는 풍경이나, 포도를 수확하는 인부들의 모습, 압착하

고 술을 담그는 모든 과정들에 대해 관심을 갖게 되며, 사람이 자연의 일부일 수밖에 없음을 새삼 깨닫게 됩니다. 아마 이런 일련의 과정들 속에서 감정이 순화되는 부수적 효과도 있을 겁니다.

물론, 와인으로 인한 부정적 변화도 있습니다. 다음 예가 그런 경우겠지요.

- 친구들과 소주를 마시다가 느닷없이 잔을 휘휘 돌리며 향을 맡고 화들짝 놀라는 경향이 생긴다. 혹은 이 과정에서 소주가 잔 밖으로 튀면서, 함께 마시는 이들에게 피해를 입힐 수 있다. 소주가 비싼 해외에서 이런 일이 생길 경우, 자칫 피 같은 술을 엎었다는 이유로 구타를 당하고 부상을 입을 수도 있다.
- 쇼핑 가서 괜히 와인 섹션 앞에서 얼쩡거리는 시간이 길어지면서 전체 쇼핑 시간이 길어지고, 이 때문에 아내의 눈총을 받기 딱 좋다. 고민의 시간이 길어지면 길어질수록, 애들의 짜증은 물론 심지어는 아내에게 와인 시음 금지령을 받을 수도 있다. 이때의 비감은 당해 보지 않은 사람은 모른다.
- 길 가다가 무슨 냄새를 맡으면 이를 기억하려고 애쓴다. 심지어는 악취까지도…… 냄새를 맡겠다고 숨을 쉬다가 호흡곤란을 일으킨 적도 있다. 미세한 향에 민감해지면서 사람 냄새까지도 맡게 되는 경지에 이르면, 그때는 정말 심각한 현상을 겪을 수도 있다(일부 미국 사람들, 정말 냄새 무지 난다).

- 아내 몰래 딴 주머니를 차기 시작한다. 때로는 거짓말도 한다. ("이 와인, 10달러인데, 괜찮아." 하지만 실제로는 30달러 이상일 수도 있다.)
- 이러다가 아내까지 와인을 배우게 되면, 실제로 가계에 타격이 갈 수도 있다. 음식을 먹을 때마다 어떤 와인이 어울릴지를 생각하며, 이런 생각을 하다 보면 반드시 그날 밤엔 그 와인을 사야만 한다. 이 때문에 며칠 점심값이 그냥 날아가는 경우도 있다. 심한 경우, 남이 음식 먹는 걸 보면서 거기에 무슨 와인이 매칭되는지를 생각하다가 그만 그 와인을 사고 만다.
- 와인 섹션이 포함된 수요일자 신문은 꼭 사서 보고, 와인 세일 광고를 신주단지처럼 모시고 다닌다.

하지만, 지금까지 저는 와인의 좋은 점에 더 많은 영향을 받고 있는 셈입니다. 와인은 물론 술이고, 과하면 안 좋겠지요. 그러나 하루 한두 잔, 모든 일을 열심히 마치고 저녁을 먹으며 여유롭게 즐기는 이 와인은 그 여유로움 자체만으로도 제 인생을 참 풍요롭게 만들고, 그 다음 날을 위한 재충전의 기회가 되어 줍니다.

그리고 그런 저녁식사 자리에서 와인 한 잔을 곁들인 아내와의 대화는 우리 부부의 삶을 더욱 풍성한 것으로 만들어 주기에, 와인은 제게 더욱 고마운 존재입니다.

죽도록 살고 싶은 힘

길 끝에서
기다리는
행복

 우체국 시험에 합격하고 난 후 첫 발령지였던 웨스트 시애틀의 '웨스트우드 우체국'에서, 처음에 가장 놀라고 힘들었던 것은 우편물의 양이었습니다. 제가 생각했던 것보다 훨씬 많은 양의 편지며 소포들을 보고 저는 주눅이 들었더랬습니다. 솔직히 그 양에 치여 아침부터 스트레스 받기 일쑤였고, 여기에 잡지며 신문 같은 것들을 더해 놓으면 그 일은 과연 언제나 끝날 수 있을 것인가 늘 까마득하게만 느껴졌습니다.
 시간이 흘러 웨스트우드에서의 일이 익숙해질 무렵, 저는 제가 지금 레귤러로서 출근하고 있는 '브로드웨이 우체국'으로 강제 차출을 당했습니다. 제가 아직 일에 익숙지 못하다고 판단한 웨스트우드의 우체국장이 저를 그쪽으로 전속시켜 버린 것입니다. 처음에는 배신감 같은 것도 말할 수 없이 컸고, 또 실제로 출퇴근 시간이 길어진 것 때문에도 브로드웨이가 너무 싫었지만, 무엇보다 저를 가장 힘들게 한 것은 우편물의 양이었습니다.

 자, 우체부가 전하는 우편물을 재미 삼아 공부해 볼까요?
 우체부가 전하는 우편물을 크게 두 가지로 구별해 보면, '레터(혹은 'DPS'라고도 부릅니다)'와 '플랫'으로 나눌 수 있습니다.
 레터는 말 그대로 우리가 일반적으로 알고 있는 편지입니다. 우편물이 분류되는 공장에서 각 구획별로 판독기가 수취인 주소를 읽고, 자동으로 배달 순서를 맞추며, 이를 플라스틱 트레이에 담아 해당 우체국으로 실어갑니다. 웨스트우드 우체국에 있을 때는 이런 트레이가 기껏해야 4개, 평소엔 3개였는데, 브로드웨이에서는 그 갯수가 최소 6개, 많을 때는 17개까지…… 한 트레이에 꽉꽉 눌러 채울 경우 편지가 5백 장가량 들어가는데, 제가 평균적으로 돌리는 편지들, 그러니까 공과금 고지서, 연애편지, 카드…… 등등은 보통 하루에 2천 장에서 3천 장 사이를 왔다갔다 하는 것 같습니다.
 플랫은 말 그대로 '넓적한 우편물'을 뜻합니다. 잡지, 광고 카탈로그, 신문, 마닐라 봉투에 담긴 서류 등등…… 여기에 컴퓨터가 자동으로 처리하지 못한 편지들까지. 플랫은 우체부들이 일일이 케이스(마치 책꽂이같이 생긴 선반)에 주소와 이름을 찾아 넣어 순서를 맞춘 다음, 배달 구획별로 다시 꺼낸 후 고무줄로 묶어냅니다. 이 작업은 '케이싱'이라고 하는데, 우체부들이 아침에 가장 먼저 해야 하는 일이기도 합니다.

브로드웨이 라우트는 우편물이 하도 많이 나오는 까닭에 우체부들 사이에 '기피 라우트'가 되어 있었고, 6개월간 아무도 그 라우트에 자진해 들어온 사람들이 없어서 당연히 관리도 안 되어 있고 엉망이었습니다.

게다가 제 라우트인 시애틀 '02011'은 브로드웨이 인근의 아파트들이 밀집해 있는 지역으로, 특히 조그만 우체통들이 많아서 편지를 넣다가 손을 다치는 경우도 많습니다. 그 조그만 박스들에 우리나라의 여성지 같은 부피 나가는 잡지라도 집어넣을 성 치면 정말 힘듭니다. 그러나 어쩌겠습니까. 그게 제 일인 것을……

처음 이 라우트를 돌았을 때, 시간 안에 못 끝낸 것은 물론(모든 우체부는 오후 5시 이전에 우체국으로 돌아가야 합니다), 저를 도와주러 무려 네 명의 사람들이 나와야 했습니다. 그러고도 규정 시간보다 한 시간이나 늦게 끝났습니다. 처음엔 우체국 관리자들이 저를 다른 우체국으로 보내버리는 문제에 관해 심각한 이야기도 나눴던 모양입니다.

처음 3주가량은 완전히 시간에 쫓기고, 정말 눈물밥 먹어야 하는 날들이 많았습니다. '왜 나를 이곳에 보냈는가' 하며 우체국을 원망하고, 한숨을 푹푹 쉬며 그 라우트에서 억지로 일을 했죠.

'레귤러만 되면 보자. 다시는 이 우체국 쪽으로 발걸음도 돌리지 않을 테다.'

……당시 제가 가장 많이 한 생각입니다.

그러나 사람 일은 알 수 없더군요. 그렇게 싫어하던 라우트에 친한 사람들이 하나둘 생기고 몇 천 개의 이름을 모두 외우게 되면서, 재미

없고 싫던 라우트에 정이 들기 시작한 겁니다. 게다가 모두 함께 힘든 일을 하는 까닭인지 함께 일하는 동료들도 정이 많고, 다른 우체부들이 어려울 때는 기꺼이 도와주려는 친구들이어서 친해지기가 더욱 쉬웠습니다.

일단 정이 붙고 나니, 그 다음부터 저는 이 우체국에서 가장 일 잘하고 속도 빠른 우체부가 되어 버렸습니다. 전출입이 잦고 메일 양이 많다 뿐이지, 일단 1천 가구의 이름을 모두 외워 버리니 그 다음부터는 일이 쉬워지네요. 확실히 한국인들의 기억력은 뛰어나죠.

서서히 정들어가던 이 구역에 완전히 마음을 붙이게 된 결정적 계기는, 마가렛의 말 때문이었던 것 같습니다.

"조셉, 혹시 췌장암으로 숨진 그웬을 알고 있어?"

"아뇨, 못 들어본 이름인데요."

"우리 아파트에는 몇 년 전까지 그웬이 17년인가 18년 동안 계속 우편 배달을 해주었더랬어. 그런데 어느 날 췌장암에 걸렸다는 이야기를 들었는데, 그리고 금방 세상을 떠났지. 그리고 우리 우편 서비스는 엉망이 됐어. 그런데 조셉이 여기 오고 나서는, 옛날 그웬 생각이 절로 날 정도로 훌륭한 우편 서비스를 받고 있어."

저는 그날 우체국에 돌아가서, 이 우체국에서 오래 있었던 다른 동료들에게 그웬이라는 사람에 대해 물어봤습니다.

"아, 그웬은 정말 좋은 사람이었지. 다정하고, 손님들에게 늘 친절하고…… 참 아까운 사람이야."

동료들은 그웬을 추억하며 아쉬워하더군요.

"그런데 그웬에 대해서는 왜 물어보는 거야?"

저는 제가 들은 이야기를 해주었고, 친구인 브라이언이 내게 말했습니다.

"그건…… 너에 대한 아주 큰 칭찬이야. 네가 지금 잘하고 있다는 거지. 우리도 네가 여기 와서 정말 좋아."

확실히 사람은 인정과 칭찬에 목마른 동물인가 봅니다. 누군가의 인정, 누군가의 칭찬 한마디가 그곳을 제겐 다시 없을 라우트로 만들어 주더군요.

이렇듯 겨우 적응을 마치고 즐겁게 일하고 있는데, 이번엔 원래 있던 웨스트우드 우체국에 사람이 없다며, 중앙우체국에서 저를 다시 그쪽으로 발령을 내는 일이 벌어졌습니다. 일이 쉬운 그곳으로 다시 돌아갔음에도 불구하고, 그 힘들고 매일 많은 브로드웨이 우체국이 그리워지기 시작했습니다. 그러다가 레귤러가 되었고, 저는 아무도 원하지 않았던 지금의 제 라우트에 기꺼이 지원했습니다.

제가 아무리 제 라우트를 사랑해도, 아침에 정리해서 실어야 할 엄청난 양의 우편물을 보면 눈앞이 막막해집니다. 하지만 제게 주어진 길을 꾸준히 걸어나가다 보면, 그 양이 점점 줄어들죠. 마지막 배달하는 아파트에서 마지막 우편물까지 모두 배달하고 몇 개의 빈 우편물 정리선반만 굴러다니는 우편 트럭 뒤를 보면, 아침에 언제 그렇게 우편물이 많이 실렸었는가 싶습니다. 마음 한켠이 시원해지는, 자신이 대견해지는 그 뿌듯함.

내게 주어진 짐은, 내가 맡아서 가겠다는 확고한 생각 없이는 줄어들 수 없습니다. 주어진 길을 꾸준히 걸을 때만이 내게 주어진 그 큰 짐도 조금씩 줄고, 어느새 뿌듯함을 느끼게 되는 것 같습니다.

제 인생도 그런가 하는 생각이 듭니다. 악명 높은 브로드웨이 라우트를 맡아서 꾸준히 걷고 또 걷다 보니, 어느새 짐도 줄고 삶의 의미까지 느끼게 되었으니 말입니다. 묵묵히 주어진 길을 걷겠다는 마음이 없었다면 그 길이 너무 힘들었을 것이고, 지친 저는 길 끝에서 기다리는 이 행복을 맛보지 못했을지도 모릅니다.

아름다운 꽃들과 새들의 지저귐, 새순이 올라오는 나무들, 예쁜 싹을 틔우기 시작한 길가의 이름 모를 풀. 아무리 우편물이 많고 짐이 많다고 해도, 내 구역의 주민들을 찾아가는 길은 이렇게도 예쁜 것들을 제게 보여줍니다. 우리네 인생이 아무리 힘들고 험하다 해도, 바로 옆에는 이렇게 아름다운 것들이 행복을 보여주기 위해 기다리고 있습니다. 그것만 알고 있다면, 아무리 짐이 무거워도 행복할 수 있을 것이라 생각합니다.

죽도록
살고 싶은
이유

    10월 31일은 미국의 명절인 핼로윈입니다. 원래 '만성절'이라 하여, 모든 성인들의 통공通功을 축하하던 이날이 왜 이런 식으로 변했는지는 알 수 없지만, 자본주의적 소비 촉진의 날 중 하나로 전락한 지 오래입니다. 하긴 예수님이 태어난 축일인 성탄절이 이같은 소비 지상주의의 모체가 된 것으로 보자면, 일반 성인들의 축일이야 당연히 그 아래로 들어가야 하는 건지도 모르겠습니다.

    저희 가족이 동네 수퍼를 운영하던 그 시절, 핼로윈이 되면 적지 않은 어린이들이 "Trick or Treat! (과자 안 주면 장난칠 테야!)"을 외치며 사탕이며 초콜릿을 요구하러 들어옵니다. 어른들도 이날까지 준비를 못했거나 혹은 준비한 것들이 다 떨어져서 사러 오는 것을 보면서 씁쓰레한 상념에 젖곤 했습니다. 웃으며 캔디를 나눠주긴 하지만, 한편으로는 이런 식으로 돈이 억지로라도 돌도록 만든 자본주의 사회의 구조에 대해서도 살짝 생각해 보기도 했지요.

저는 원래 헬로윈을 싫어합니다. 제가 무슨 독실한 기독교 신자라, 귀신 숭배하는 그런 행사가 싫다…… 뭐 이런 게 아니라, 실제적인 이유입니다. '컨비니언스 스토어', 한국으로 말하자면 '동네 수퍼마켓'을 경영해온 저희 가족. 이런 데서 일하는데, 복면을 뒤집어쓰거나 혹은 가면을 쓰고 들어오는 손님들을 보면 어떤 생각을 하게 되겠습니까……? 십중팔구 강도를 떠올리게 됩니다.

"Trick or Treat!"을 외치고 들어오는 어린 손님들이야 상관없는데, 헬로윈엔 어른들도 같이 난리를 친다는 점입니다. 어떤 게 진짜고 어떤 게 가짠지 알 수가 있어야지요. 실제로 헬로윈날 강도를 당한 집들의 이야기도 적지 않게 들은 바 있어, 이날이면 신경이 바짝 쓰이곤 했었습니다.

지호의 학교에서 헬로윈 파티를 열었습니다. 학교 근처의 스케이트링크를 아예 빌려서 롤러 브레이드도 타고 그랬는데…… 사실 그날은 무척 바빴지요. 그래도 일 마치자마자, 아이들과 아내에겐 연락 안 하고 살짝 들러봤습니다. 저를 알아본 아이들이 아빠가 왔다며 무척 신이 났습니다.

학부형들도 롤러 스케이트를 빌려 타는 분위기네요. 대학 다닐 무렵 그 좋은 시절이 생각나고, 저도 그 광기를 이길 수 없어 스케이트를 빌렸습니다.

이른바 '인라인'이란 건 안 타봤습니다. 저는 그것보다는 옛날식 롤러 스케이트 체질입니다. 오랜만에 빌리지 피플의 〈YMCA〉 같은 명

곡들에 맞추어 신나게 스케이트를 탔습니다. 롤러장이 완전 80년대 청량리 로터리에 있던 모 링크를 기억나게 하더군요. 제가 롤러 스케이트를 좀 탑니다. 혹시 기억하실 분들이 있으실지 모르겠는데, 토요일 방과 후면 버스 타고 등촌동 링크나 여의도 광장을 찾아 롤러 스케이트를 타며 "생쑈"를 했었죠. 발에 물집이 하도 잡혀서 터진 곳이 또 터지고······.

롤러 스케이트를 잘 타는 아빠를 은근히 자랑스러워하는 아이들의 웃음을 보며, 제 입가에도 역시 웃음이 떠오릅니다. 아빠를 자랑스러워하는 이 아이들이 있기에, 정말 최선을 다해서 '죽도록 열심히 살고 싶어진' 세상이 된 것 아닌가 하는 생각까지 드네요.

이렇게 아름다운 게 삶인데······ 처음 미국에 왔을 때, 저는 몇 번인가 죽음을 생각했습니다. 너무 힘든 현실이 싫어서, 또 젊은 날 한 번쯤 생각해 보는 다른 세상에 대한 동경 때문에.

그냥 희망만 가지고 살기에는 너무나도 힘든 현실에 치여 마음이 황폐해졌던 것 같습니다. 시간당 5불짜리 직장에서 한 달에 2천 달러씩을 벌었지만, 하루 18시간 이상씩 휴일도 없이 일한 탓에 내 몸 망가지는 게 보이면 '일할 자유만이 보장된 나라가 미국이다'라는 생각이 떠나지질 않았고, 자살 충동도 많이 느꼈습니다.

죽음을 자주 생각해서인지, 죽음의 문턱에 두 번이나 다녀왔습니다. 그런데, 사람이 참 우습더군요. 죽음을 생각하던 사람에게 찾아온 죽음의 경험은, '죽을 것이 아니라, 최선을 다해서 살 것'을 다짐하게 만드는 계기가 되어 주었으니까요.

 1991년의 어느 겨울날, 남의 가게에서 일을 하고 있을 무렵의 일입니다. 가게 문을 잠그고 돈을 캐비닛에 집어넣은 후 가게 문단속을 하고 나가려던 찰나, 어떤 사람이 문을 두드리며 담배 한 갑만 사겠다고 하더군요. 그래서 다시 카운터에 섰습니다.

 "어떤 담배를 드릴까요?" 하고 물어보는데 이름도 못 들어본 희한한 담배를 사겠다고 해서 한참을 찾고 있던 순간, 눈앞에 뭔가가 번쩍하는 것이었습니다. 섬뜩한 기분에 고개를 들어 그 사람을 쳐다보니, 코트 바깥으로 총신이 한참 긴 권총을 꺼내더군요.

 순간 심장이 얼어붙을 듯한 감정이 들면서, 지금까지 참으로 헛되고 헛되게 살아온 내 자신의 모습이 마치 영원인 것처럼 아주 빠르게 지나갔습니다. '찰나가 영원이 될 수 있다'라는 말을 실감하는 순간이었습니다. 그런데 이 사람이 권총의 실린더를 젖히고 총알이 하나도 없는 탄창을 보여주더군요.

 기가 막혀서 말도 안 나오고 그냥 바라보고만 있었는데, 이 사람이 제 앞에서 총알을 한 알 한 알씩 장전하는 겁니다. 그러더니 진짜로 돈을 내놓으라고 말하더군요. 이제 와서 말하기 창피하지만, 순간 오줌을 지렸습니다. 바지가 흥건히 젖어드는데도 전혀 모르고 있었죠. 문제는 그때 정말로 강도를 만족시킬, 그래서 나를 살릴 수 있는 그 '돈'이 금전등록기에 없었다는 사실입니다. 그건 내 목숨값이었을 텐데…… 돈은 이미 금고 안에 들어가 있었고, 나는 열려 있는 금고에 돈을 넣을 수는 있었지만, 그 금고의 비밀번호는 모르고 있었던 거죠.

순간적으로 그를 설득시킬 수 있었던 건 어떤 천운이었을까요. 중학교 때인가 배웠던 단어 하나가 갑작스레 머릿속으로 떠올랐습니다.
"저…… 물건으로 가져가시면 안 될까요?"
강도도 그런 저를 보고 황당했던지, 담배 몇 갑이랑 맥주 한 케이스를 들고, 한 손으로는 총으로 나를 계속 겨누며 나갔습니다. 나가면서 미안하다고 한 마디 하고 가더군요.
그가 나간 후, 그냥 주저앉았습니다. 눈물 콧물이 다 쏟아지더군요. 그제서야 바지가 축축한 것도 알았습니다. 대충 닦고 집에 가는데, 그런 생각이 들더군요.
'언제라도 죽으면 죽을 수 있는 건데…… 아직은 살고 싶은 거구나…….'
왜 살고 싶은지 그 정확한 이유는 제게 없었지만, 강도가 총을 겨눴던 순간 뇌리를 스치고 지나간 '헛된 제 삶'을 되풀이해서는 안 되겠다는 생각이 들었던 것 같습니다.
두 번째는, 그로부터 2년 후에 일어났습니다. 워싱턴 주의 명소인 독일마을 레벤워스라는 곳에 관광을 다녀오다가 운전에 지쳐 깜박 졸았고, 결국은 이게 사고를 일으키고 말았던 것입니다. 사슴이 한 마리 튀어나왔다고 느꼈는데, 그걸 피해 순식간에 핸들을 틀다가 차가 전복된 거죠. 한 두어 바퀴를 굴렀는데, 차가 진흙밭으로 떨어져 다시 제자리로 돌아왔습니다. 차는 완전 걸레가 되긴 했지만, 다행히도 손가락 하나 다친 것 말고는 아무 데도 다치지 않았습니다.
그 이후로 졸음이 오면 절대로 운전 안 하죠. 분명히 죽을 수도 있는 사고에서 내가 살아난 걸 보면, '아직은 죽지 말아야 할 그 무엇이 있나 보다' 하는 생각도 하게 됐습니다. 그 후로 제 딴에는 열심히 살게 된 것 같습니다. 삶이란 게 쉽지는 않지만, 그래도 '주어진 삶이라면 보람 있게 쓰다 가야겠다……'라는 생각을 확실하게 했으니까요.

그런 경험을 통해 제 삶을 가꿔나가지 않았다면, 오늘 제 앞에서 웃고 있는 지호와 지원이가 주는 아름다움을 제대로 느낄 수 없었을 것입니다. 예전엔 몰랐던, 죽도록 살고 싶은 이유. 그건 바로 내 아이들, 그리고 그 아이들을 내게 준 아내와, 손주들을 보며 미소지으시는, 저를 이 세상에 내어 주신 부모님의 웃음을 계속 바라보고 싶어서인 것 같습니다.

아름다운
변화를
꽃피우는 힘

늦봄, 진분홍빛 겹벚꽃을 우리 앞집에 환히 피어내는 것으로 계절의 여왕인 5월은 자신의 존재를 우리 동네 앞길까지도 분명히 알리기 시작하는 때입니다. 잔디는 갑자기 자라는 속도가 한 달 전보다 두 배는 빨라진 것 같고, 겨울이 지난 후 사슴꼬리처럼 조금씩 늘어나던 낮의 길이는 이젠 오후 8시가 넘어가도 아직 해거름이 남아 있을 정도입니다. 단순히 위도로만 보자면 시애틀은 북위 47도가 넘으니, 북위 43도께의 우리나라의 중강진이나 러시아의 블라디보스톡보다도 훨씬 북쪽인 셈이라, 그만큼 여름엔 해가 더 길고 겨울엔 해가 짧습니다.

봄, 길어진 햇살을 느끼며 맞는 휴가의 첫날은 여유로웠습니다. 아이들은 학교에 가야 하는 터여서 아침에 데려다 주고 왔고, 아내도 일찍 출근하는 날이어서, 집에서 모처럼 혼자 여유로운 시간을 가졌습니다. 여느 때처럼 커피 프레스로 커피를 만들어 아내에게 한 잔 건네고, 저도 한 잔 마셨습니다.

일 나가는 아내를 배웅했습니다. 일주일간 휴가를 받았고, 아내는 목요일부터 시작하는 연차를 냈습니다. 주말엔 아내와 아이들과 함께 캐나다 여행을 다녀오기로 했기 때문입니다. 일 나가는 아내의 모습이 경쾌하고, 아름다워 보였습니다.

문득, 그녀가 지원이를 임신한 몸으로 어린 지호를 데리고 출근하던 뒷모습을 바라보며, 가슴 아파했던 예전 일이 떠올랐습니다. 그렇게 마음 아파했던 그날도, 참 맑은 날이었습니다. 여느 때처럼 아내는 아침을 차려주고 일 나갈 준비를 하고 있었습니다. 그때 저희 가정은 경제적으로 무척 어려울 때였습니다. 임금 체불 문제로 일하던 신문사 사장과 대판 싸운 후 일단 퇴사하고, 경찰공무원이 되기 위해 학교 공부에만 전념하고 있을 때였으니까요. '한인사회에서 억울한 이가 없게 하기 위해서' 그리고 '남을 돕기 위해서'라는 내 나름의 포부로 선택한 길이었지만, 가족에게는 어찌 보면 참 미안한 일이었습니다.

공부에만 전념하기도 사실은 힘들었습니다. 과연, 영어가 모자라는 내가 경찰공무원이 되어 잘할 수 있을까 하는 걱정도 제 발목을 잡는 것 중의 하나였습니다. 거의 모든 한인 1세들이 하는 걱정 중의 하나라고 할 수 있을 겁니다. 글은 잘 읽어도 말은 제대로 못 하는 것. 그때엔 그런 자잘한 걱정 하나하나가 제게 부담이 되었습니다. 이걸 어떻게든 극복해 보려고 애썼고, 그래서 더 지독하게 공부했던 것 같습니다. 그러다 보니 저는 제 세계에만 파묻혔던 것 같습니다. 아주 솔직히 말한다면, 아내와 아이들을 돌아볼 여유가 없었죠. 아내는 그런

제 모습을 보고 다독거려 주며, "자기는 잘할 수 있어. 너무 걱정 말아요"라고 격려했습니다. 사실 제 미래는 그때 어찌 보면 암울하기까지 했고, 저도 저를 믿을 수 없었는데 말입니다.

적은 돈이나마 생활에 보태겠다고 마음먹은 아내는, 둘째아이를 임신한 몸으로 지역 한인회의 상근자로 근무하기 시작했습니다. 첫째가 세 살 때고 임신까지 했으니, 체력적으로도 많이 힘들 때였으리라 싶습니다. 직장에 나가겠다고 아침마다 부랴부랴 애 씻기고, 잠투정하는 녀석을 차에 태워 데리고 나가고…… 보기에도 힘겨운 날들이 계속되었죠.

그날도 여느 때와 같은 아침 광경이 반복되었고, 꽃눈이 흐드러지는 사이로 아내가 직장으로 떠나는 뒷모습을 바라보며 어깨를 축 늘어뜨리고 있었습니다. 순간, 눈앞이 뿌옇게 변하는 것을 느껴야만 했습니다. 한 여자의 남편이 되고, 이제 태어날 아이까지 두 아이의 아버지가 될 놈이……. 제대로 돈도 못 벌고, 아침 이 시간에 집에서 아내가 일하러 가는 뒷모습을 바라봐야 한다는 사실을 새삼 눈으로 확인하니, 제 자신이 한심하더군요.

특종 기자에의 꿈, 그 꿈이 꿈처럼 깨지고 난 후 시작한 지역 일꾼의 꿈. 만일 제가 제 꿈을 좇지 않고, 그냥 남들 하는 대로 일한 만큼 돈 버는 곳을 갔다면, 아니…… 조금만 더 능력이 있어서 제 꿈을 제대로 이룰 수만 있다면…… 아내가 저런 고생을 하지 않아도 되었을 거라는 죄책감이 저를 무겁게 짓누르더군요. 하지만, 아내는 한 번도 이런 상황을 탓하지 않고 저를 믿어주기만 했습니다.

"당신은 잘할 수 있어!"

저는 그런 아내의 얼굴을 떠올리며 이를 악물고 공부했습니다. 그것만이 아내와 가족들에게 떳떳해질 수 있는 길이었기 때문입니다. 좋은 성적으로 졸업 시험을 칠 수 있었고, 그때 자신감을 얻었던 것 같습니다. 오리건 주를 떠나 워싱턴 주의 타코마라는 곳에서 경찰 시험을 쳤고, 결국 합격할 수 있었습니다.

그런데, 삶이 예상치 않던 방향으로 흘러가더군요. 제가 지원했던 경찰국의 국장이 부부간의 불화로 인해 차 안에서 아내를 사살하고 자기도 자살해 버린 사건이 일어난 겁니다. 덕분에 타코마 경찰국은 벌집 쑤신 것처럼 되어 버렸습니다. 연방수사국에서 이 사건을 조사하러 나오면서, 경찰 시험 합격자들은 당분간 이 경찰국의 추가 고용이 동결될 것이라는 편지를 받아야만 했습니다.

부모님이 운영하시는 가게를 돕는 것만이 생계 유지 수단이었던 우리 가족. 언제 경찰이 되어 안정된 급료를 받을 수 있을지…… 마냥 기다리기에는 너무 막막한 시간들이었죠.

무엇 하나 정해진 것 없이 불안한 시간이 또 흘러만 갔습니다. 어느 날 '우체국이 안정된 직장이고, 각종 복지 혜택도 좋다'라는 이야기를 어디에선가 듣고 온 아내가 우체국 시험을 치르기 위해 공부를 시작했습니다. 아내는 제게도 그 공부를 권했고, 저도 어깨너머로 시험을 준비하기 시작했습니다. 운이 좋았던 걸까요? 저희는 둘 다 합격할 수 있었습니다. 아내에게 인터뷰 통보가 먼저 왔지만, 당시 그녀가 우체국에서 일하기엔 아이들이 너무나 어렸습니다. 제게도 인터뷰 통지

서가 왔고, 원래 경찰 공무원을 꿈꿨던 저는 경찰이 되는 대신 우체부가 되기로 작정했습니다.

　기자가 되었다가 경찰을 꿈꿨다가 우체부가 되기까지…… 미국 생활을 통해, 저에겐 많은 변화가 생겼습니다. 아내의 사랑이 없었더라면, 아마 저는 이 많은 일들이 가져다주는 변화들을 기꺼이 받아들이진 못했을 것 같습니다. 그저 좇아가느라 허덕이기만 했겠죠. 아니면, 좇아가면서도 늘 불만에 차 있었을지도 모릅니다. 늘 나를 이해해 주고 내게 힘이 되어 주는 그녀. 그녀로 인해 내가 얼마나 괜찮은 사람인지 알 수 있게 되었고, 덕분에 저를 사랑할 수 있었습니다. 제 자신에 대한 자부심, 그런 것이 생기면 세상의 변화에도 힘있게 대처할 수 있게 되더군요.

　사랑은 변화를 가능케 합니다. 그냥 받아들이는 변화가 아니라, '스스로 변화하고자 하는 의지'의 변화죠. 그렇게 변해가면서 나 자신을 잃어가는 것이라고 느껴지지 않고, 내가 몰랐던 나를 발견하게 되고, 내가 선택하는 변화의 아름다움을 알게 됩니다.

　아내를 만나고, 내 삶을 사랑하게 된 것. 아마 지난 미국생활 동안 제가 찾은 가장 큰 보물은 바로 그것일 것입니다.

아버지라는
비료

"조셉!"
 우리 가족이 아직 그로서리를 하던 어느 날이었습니다. 여느때와 마찬가지로, 우체국에 다녀온 후 도매상에 물건 떼러 갈 준비를 하는 중이었는데, 웬 처녀 태가 나기 시작하는 소녀가 가게에 들어오더니 저를 포옹합니다. 우리 어머니에게도 아는 척을 하는 그 소녀는, 늘상 저를 따르던 브리트니였습니다.
 "브리트니, 오랜만이구나. 어떻게 지냈어?"
 "지금 섬너라는 데 살아. 아빠랑은 얘기하는데, 엄마는 더 이상 안 봐. 난 엄마가 너무 싫어."
 9학년, 즉 우리 나이로 중 3이 된 이 소녀의 아버지 마크는 나름 열심히 일하고 노력하는 전형적인 저소득층의 백인 가장이지만, 그 부인은 마약 중독자였습니다. 결국 둘은 이혼하고, 아이들은 방황을 시작했습니다. 브리트니와 그 동생은 여린 아이들이었죠. 집안에 염증을 느낀 브리트니는 결국 바깥에서 나돌며 방황한다는 이야기를 그 아빠로부터 들은 적이 있었습니다.

"나, 임신했어. 병원에서 남자아이라고 했어."

순간 가슴이 철렁합니다. '어떻게 그 어린 나이에……'라는 말이 나오기보다는 '네가 얼마나 힘들었으면, 얼마나 외로웠으면……' 하는 생각이 듭니다.

"아기 언제 낳는데?"

"8월에 나온다고 했어."

"8월?"

"……조셉은 내가 어렸을 때부터 내 '친구'였잖아. 그래서 알려주고 싶었어. 여긴 친구들 만나러 왔고……."

음…… 내가 그 어린아이의 '친구'였다니. 적어도 그애는 그렇게 느끼고 있었군요. 저는 브리트니에게 이야기했습니다.

"니, 너희 엄마가 싫다고 했지?"

그애는 거의 이를 악물다시피 하고 이야기합니다.

"난, 정말 엄마가 싫어."

"하지만 넌 말이지, 이제 엄마가 될 거야. 이제 너만 사랑하고, 너만 바라보며, 네 사랑이 필요한 아기가 생기는 거야."

브리트니가 맑은 눈망울로 저를 쳐다보는 것이 오히려 안쓰럽습니다.

"그리고…… 네 엄마는 너를 실망시켰지만, 너는 네 아기를 실망시키지 않았으면 해. 넌 할 수 있을 거야."

브리트니의 눈망울에 눈물이 글썽거리는 걸 볼 수 있었습니다.

"땡큐, 조셉."

집에 와서 아내에게 그 아이의 이야기를 했습니다.

"어머, 어쩐대…… 그 예쁘고 착하던 애가……."

아내도 알고 있었던 아이였기에, 그 아이의 모습이 자꾸 눈에 밟힌다고 이야기하네요.

엄마에 대한 미움에서 비롯된 브리트니의 약간 남다른 삶. 부모가 아이의 인생을 얼마나 좌지우지하는지를 새삼 느끼게 합니다.

아버지 생각이 들더군요. 가족을 위해 온몸을 희생하신 아버지. 그런 아버지지만, 저 역시 브리트니처럼 아버지를 원망하고, 아버지와 반목한 적이 있습니다.

제가 아주 어릴 적, 아버지는 울산에서 관광호텔을 경영하셨습니다. 어머니와 함께 아버지가 일하시는 곳에 가서 실컷 놀다가 부산에 가서 비행기를 타고 상경한 기억도 있는 걸 보니, 저희 집이 꽤 살았던 편이죠. 77년에 비행기 여행이면 제법 호사스러운 여행이었으니까요.

그러던 저희 가족이 아버지의 뜻에 따라 미국에 와서는, 정말 고생이 이만저만이 아니었습니다. 아버지나 저나 육체노동이 익숙지 않았고, 그 때문에 아버지와 제 신경은 날카로울 대로 날카로워져 대립하게 될 때가 많았습니다. 영어에 자신 없어하던 아버지가 전화가 올 때마다 무조건 저에게 넘기실 때, 역시 영어에 자신이 없었던 저는 노상 짜증으로 그걸 대하기 일쑤였습니다.

당시에 아버지와 저는 하루에 12시간에서 일이 길어질 때는 18시간

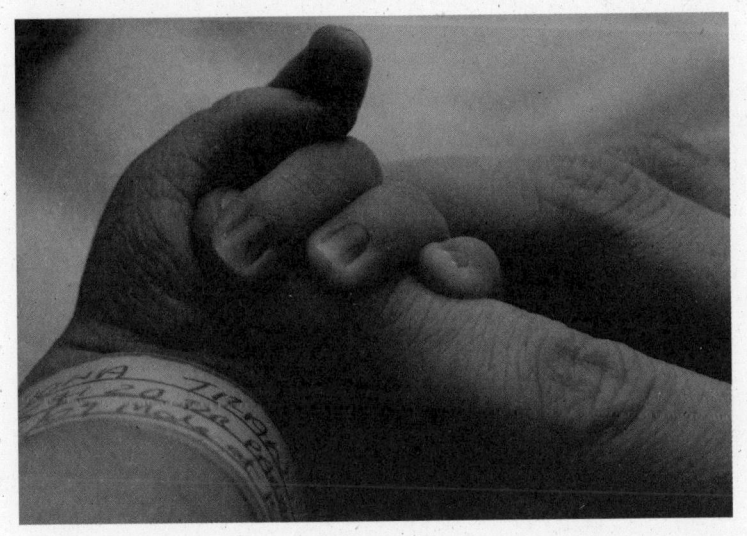

씩, 공항에서 청소와 배달을 부탁하는 승객의 짐들을 배달하는 것으로 생계를 꾸려나갔습니다. 아버지가 선택한 삶, 거기에 저를 억지로 끼워넣으려 하셨으니, 아버지도 그만큼 고생하시는 것이라며 아버지를 원망했었습니다.

 그날도 저녁에 일을 해야 하는 문제를 두고 아버지와 신경전을 벌이던 참이었습니다. 친구와 만나기로 했는데, 아버지는 제가 일을 도와주길 원하셨습니다. 하지만 저는 친구와의 약속을 깨면서까지 아버지를 도와줄 수는 없다고 쏘아붙이고는, 일찍 일을 끝내고 나가 버렸죠. 친구를 만나 당구를 치고, 술을 마시며 제 처지를 원망하고……그러고 나서 집에 들어와 잠을 청했는데, 이상한 꿈을 꾸었습니다. 아버지가 갑자기 돌아가신 것입니다. 꿈속에서지만, 저는 목놓아 울었던 것 같습니다.

 "아버지! 이렇게 가시면 어떻게 해요!"

 이 낯선 땅에서 혼자가 된다는 공포. 다 자랐다고 생각했지만, 아직 전 어린아이였던 겁니다. 얼마나 울었던지, 울다가 놀라 깰 정도였습니다. 머리카락이 눈물로 다 축축히 젖었더군요. 아버지께서는 어느새 제 옆에서 주무시고 계셨습니다. 새벽까지 계속되는 일에 지쳐서 말 그대로 '시체처럼' 주무시던 아버지. 그 모습을 보고 다시 숨죽여 울었습니다. 여전히 아버지가 내 버팀목이라는 것, 정말 효도해야겠는 것을 새삼 깨달았지만, 그게 마음처럼 잘 되지는 않더군요.

 한때는 존경했고 그러다 미워했던 아버지에 대한 사랑을 다시금 느끼게 된 건, 몇 년 전 사건 때문인 것 같습니다.

둘째 지원이가 유아 영세를 받던 날, 급하게 오리건에서 시애틀로 이사하는 저희를 위해 특별히 신부님께서 마련해 주신 영세식에 참석하고 나서, 서둘러 집으로 돌아와 이삿짐을 싸기 시작했지요. 이사는 채 며칠 남지도 않았는데, 싸야 할 짐들은 왜 그리 많던지…….

갑자기 전화벨이 울려고, 그 너머에서 어머니의 어두운 목소리가 들려왔습니다.

"종상아, 아버지께서 쓰러지셨단다……."

당뇨 치료 겸 한국에 잠시 가셨던 아버지가 쓰러지셔서 병원에 입원하셨다는 겁니다. 일단 어머니를 진정시키고 전화를 했습니다. 그리고 이모에게 자세한 사연을 들었습니다. 목욕을 가셨던 아버지가 목욕탕 안에서 쓰러지셨는데, 다행히도 뼈를 다치거나 하지는 않았다고 합니다. 그러나 의사는 이모에게 화를 냈다고 하더군요. 왜 가족들이 아버지를 방치했느냐며 말입니다. 아버지는, 미국에서 가족의 삶의 터전이었던 가게를 지키시느라 육체적으로 너무 무리를 하셨던 모양입니다.

"종상아, 내가 꼼짝을 못하겠구나. 너 이사하는 것도 못 도와주고, 미안해서 어쩌냐."

"병 고치시러 갔다는 분이 거기서 쓰러지시면 어떡해요. 일단 여기는 아무 신경 쓰지 마시고, 그냥 푹 쉬고 계세요."

아버지와의 통화 후, 방구석에 들어가 혼자 처박혀 울었습니다.

몸에 부치는 힘겨운 노동, 가장으로 가졌던 부담, 미국으로 온 걸

후회하는 식구들에 대한 죄책감 등이 아버지의 육체를 서서히 좀먹고 있었던 겁니다. 아버지가 가끔 아프다고 하실 때, 저는 그 말을 귀로 흘리곤 했습니다. 하지만, 아버진 심각하게 앓고 계셨던 것입니다. 이해해 주는 사람 없이 혼자서 그 고통을 삼키시다가 오늘에 이른 거겠죠.

어떤 노래 가사가 가슴 한구석을 심하게 헤집어 놓았습니다.

"아버지를 따라서 일터 나갔지. 처음 잡은 삽자루가 손이 아파서, 땀 흘리는 아버지를 바라보니까, 나도 몰래 눈에서 눈물이 난다. 하늘의 태양아 잘난 척 마라. 자랑스런 우리 아버지."

세상에서 누가 뭐라고 해도, 나에게는 제일 잘났고 자랑스런 아버지는 바로 '우리 아버지'일 수밖에 없습니다. 요즘 들어 부쩍 더 나이 들어 보이는 우리 아버지. 희망도 절망도 모두 안겨준 우리 아버지. 하지만 나에게 생명을 주고, 어릴 적 '나의 신'이었던 아버지…… 기꺼이 자식을 위한 비료가 되어 주신 아버지. 그 비료의 부피가 내가 생각한 만큼이 아니라고 원망했던 지난날이 진심으로 후회가 되더군요.

지금도 엄청난 효자는 아니지만, 마음 하나는 자신 있습니다.

아버지, 사랑합니다.

나는 세상에서 가장 성공한 사람
시애틀 우체부

초판1쇄 발행 2010년 1월 11일 초판2쇄 발행 2010년 2월 5일

지은이 권종상 | **펴낸이** 신민식
기획자 강유미

출판 6분사장 최연순
편집 정낙정 | **디자인** 강홍주
제작 이재승 송현주

펴낸곳 ·(주)위즈덤하우스 | **출판등록** 2000년 5월 23일 제13-1071호
주소 경기도 고양시 일산동구 장항동 846번지 센트럴프라자 6층
전화 031-936-4000 | **팩스** 031-903-3895
전자우편 wisdom6@wisdomhouse.co.kr | **홈페이지** www.wisdomhouse.co.kr
출력 플러스안 | **종이** 화인페이퍼 | **인쇄** 프린팅하우스 | **제본** 서정바인텍
값 12,000 ⓒ2010, 권종상 ISBN 978-89-5913-418-2 (03810)

- 잘못된 책은 바꿔드립니다.
- 이 책의 전부 또는 일부 내용을 재사용하려면 사전에 저작권자와 (주)위즈덤하우스의 동의를 받아야 합니다.
- 이 도서의 국립중앙도서관 출판시도서목록(CIP)은 e-CIP 홈페이지(http://www.nl.go.kr/ecip)에서 이용하실 수 있습니다.(CIP제어번호: CIP2009004152)

사진판권

쪽	크레딧
표지	ⓒ ⓘ ⓞ Bjørn Giesenbauer
4-5	ⓒ ⓘ Futurilla, ⓒ ⓘ ⓞ NJ Tech Teacher, ⓒ ⓘ {iTurtle}, ⓒ ⓘ lorentey, ⓒ ⓘ ⓞ Mr Wabu, ⓒ ⓘ Post Box, ⓒ ⓘ ⓞ Bryn_S, ⓒ ⓘ ⓞ e³°°°, ⓒ ⓘ earcos, ⓒ ⓘ ⓞ Rev Dan Catt, ⓒ ⓘ shig2006, ⓒ ⓘ Joe Shlabotnik, ⓒ ⓘ Glen Bowman, ⓒ ⓘ ⓞ pizzodisevo, ⓒ ⓘ ⓞ liketearsintherain, ⓒ ⓘ John Leach, ⓒ ⓘ Hey Paul, ⓒ ⓘ ⓞ amandabhslater
6-7	ⓒ ⓘ ⓞ anneh632
10	ⓒ ⓘ ⓞ ChrisYunker
13	ⓒ ⓘ silent shot
14	ⓒ ⓘ ⓞ michael hilton, ⓒ ⓘ neoliminal
18-9	ⓒ ⓘ ⓞ biskuit
20	ⓒ ⓘ blacklord
24	ⓒ ⓘ eye of einstein
28	ⓒ ⓘ twodolla
32	ⓒ ⓘ bluemodern
37	ⓒ ⓘ ⓞ Carly & Art
38	ⓒ ⓘ Ahmad Y. Saleh, Maggie Hoffman
44	ⓒ ⓘ ⓞ joeszilagyi
49	ⓒ ⓘ ⓞ Bjørn Giesenbauer
52	ⓒ ⓘ markhillary
56-7	ⓒ ⓘ Magnera
60	ⓒ ⓘ SubZeroConsciousness
68-9	ⓒ ⓘ Wonderlane
74	ⓒ ⓘ Niffty..
78	ⓒ ⓘ ⓞ jeff_w_brooktree, ⓒ ⓘ bloggyboulga, zingyyellow
81	ⓒ ⓘ Noël Zia Lee
89	ⓒ ⓘ ⓞ Randy Wick
95	ⓒ ⓘ ThaRainbowRaider
100	ⓒ ⓘ Neeta Lind
106	ⓒ ⓘ Sister72, ⓒ ⓘ ⓞ avlxyz
111	ⓒ ⓘ ⓞ dbaron
113	ⓒ ⓘ ⓞ mastermaq
114	ⓒ ⓘ joeszilagyi, ⓒ ⓘ Theodore Scott
116	ⓒ ⓘ OiMax
120	ⓒ ⓘ Joe Shlabotnik
125	ⓒ ⓘ ⓞ Ed Yourdon
135	ⓒ ⓘ ⓞ Pink Sherbet Photography
146-7	ⓒ ⓘ Magnera
149-50	ⓒ ⓘ starmist1
152	ⓒ ⓘ ⓞ rore
154	ⓒ ⓘ Selma90
156	ⓒ ⓘ ⓞ Erika Hall
161	ⓒ ⓘ ⓞ Valerie Everett
166	ⓒ ⓘ ⓞ LaPrimaDonna (Seeking time)
174	ⓒ ⓘ ⓞ yashima
178,183	ⓒ ⓘ batega
185	ⓒ ⓘ chispita_666
186	ⓒ ⓘ pedrosimoes7
188	ⓒ ⓘ ricardo-pereira
190	ⓒ ⓘ zingyyellow
201 (위)	ⓒ ⓘ bettyx1138
206-7	ⓒ ⓘ photon □
213	ⓒ ⓘ ⓞ garryknight
214	ⓒ ⓘ ⓞ Iversonic
219	ⓒ ⓘ ⓞ Jon Ovington
223	ⓒ ⓘ ajagendorf25
224-5	ⓒ ⓘ mikebaird

(순서: 왼쪽→오른쪽, 위→아래)

Joseph Kwon is funny but wise, light-hearted but compassionate. He is also sensitive and kind. It makes me glad to know Joseph is in our world.

Georganne Seebeck

조셉은 재미있으면서도 현명하고, 명랑하면서도 사려 깊은 사람이지요. 또 섬세하고 친절해요. 이 세상에 조셉이 있다는 사실이 나를 정말 즐겁게 해요.
— 조지앤 시벡

Joseph Kwon is a and partner when some I admire Joseph's work am very pleased the

Congratulations Joseph!
Hope your book will be a great success in Korea, and give lots of enjoyment to all who read it!
Thank you Sincerely
Margaret Wallace Mackie

축하해요, 조셉! 책이 많은 한국의 독자들에게 읽힐 수 있길 바랄게요! 아마 읽는 사람 모두가 즐거움을 느낄 수 있을 거예요.
— 마가렛 맥키

조셉이 책을 쓴다니, 얼마나 좋은 일이에요! 그는 다양한 재능을 가지고 있는 사람이죠. 얼른 읽을 수 있기를 바랄게요. - 탤리 모건

How wonderful that Joseph has written a book! He is a man of diverse talents. I look forward to reading it. — Taley M.

are as a neighbor, friend
done. My wife and
ity ties, and knowledge I
clan is my neighbor.

조셉을 내 이웃으로, 친구로, 또 뭔가 함께해야 할
일이 있을 때 동료로서 함께할 수 있다는 건 기쁨입니다.
아내와 나는 늘 조셉의 일하는 태도와 가족과의 연대,
지식에 대해 칭찬하곤 하지요. 조셉의 가족 모두
내 이웃이라는 사실이 정말 기쁩니다. - 루디 윌리

필자의 글을 읽고 있노라면 주어진 삶을 그냥 자연스럽게
받아드려 사는 것 같지가 않다. 매 순간마다 호흡으로 느끼고
되새김질 하며 그때그때 의미를 만들며 즐기는 것 같다.
멋지게 보인다. 그런 그를 옆에서 보고 있노라면 배울점이
한두가지가 아니다. 첫째, 행복을 쟁탈하는 삶법부터... -김시형-